贵州省资源型企业绿色创新研究

肖小虹　著

科 学 出 版 社
北　京

内 容 简 介

在建设资源节约型以及环境友好型国家的大背景下，绿色创新成为理论界和产业界关注的重点话题。特别对于西部欠发达地区资源型企业，其产业结构相对单一，对资源依赖严重，更需完成从技术创新向绿色创新的转型，实现既要“金山银山”，又要“绿水青山”的目标。本书以贵州资源型企业为例，首先探讨绿色创新的必要性及其影响因素；然后以资源依赖理论、竞争优势理论、资源基础理论为理论基础构建研究模型，分析资源型企业绿色创新的效果；最后给出贵州资源型企业绿色创新的对策建议。

本书可供企业管理相关领域的研究人员阅读，也可供相关政府部门参考。

图书在版编目（CIP）数据

贵州省资源型企业绿色创新研究 / 肖小虹著. —北京：科学出版社，2020.9

ISBN 978-7-03-066278-1

Ⅰ. ①贵… Ⅱ. ①肖… Ⅲ. ①能源工业－工业企业－企业创新－研究－贵州 Ⅳ. ①F426.2

中国版本图书馆 CIP 数据核字（2020）第 188236 号

责任编辑：郭勇斌 肖 雷 / 责任校对：杜子昂
责任印制：张 伟 / 封面设计：刘云天

科 学 出 版 社 出版
北京东黄城根北街 16 号
邮政编码：100717
http://www.sciencep.com
北京中石油彩色印刷有限责任公司 印刷
科学出版社发行 各地新华书店经销
*
2020 年 9 月第 一 版 开本：720×1000 1/16
2020 年 9 月第一次印刷 印张：9 1/4
字数：150 000

定价：79.00 元

（如有印装质量问题，我社负责调换）

目　录

第一章 绪　论

第一节 研 究 背 景

一、实践背景

绿色创新已经成为全球现代化进程中的重点话题。继工业革命以来，全球工业经济的迅猛发展和工业流程的不断进步，为人类带来了丰富的物质文明和精神文明，并推动经济的繁荣发展和人类社会的快速进步，使得社会的整体发展由传统农业文明逐步向现代工业文明转换。文明，表明着人类社会经历的发展阶段和社会进步的程度，它以社会生产过程中产生的成果为载体，反映了社会的进步与发展，是识别社会前进的重要指标（李巧华，2014）。从农业文明向工业文明的转变中，文明的颜色发生了变化，从“黄色”转向“黑色”。农业文明以牺牲土地和森林为代价，从事农业生产引起一系列自然灾害，如水土流失、黄沙漫天等“黄色”现象。随着工业革命的推进，人类通过工业文明进入现代社会，但工业生产源动力来自矿物燃料，在输送工业产品的同时，也对环境造成了危害，如全球各地都曾出现“黑烟滚滚入蓝天，污水横流进江河”等工业“黑色”现象。在“黑色”工业文明笼罩之下，经济发展与环境保护之间的矛盾日益突出。伴随着经济发展而出现的能源匮乏、环境污染、臭氧空洞、森林锐减、全球气候变暖、沙漠化等这些不可忽视的环境问题已逐渐成为全球性难题（Chen et al.，2006）。在经济发展过程中，对资源的无情掠夺，对环境的肆意污染，尽管短期内能够获得经济利益的满足，但是从长远利益来看，它抑制了一个国家和地区的长期发展潜力，甚至对我们的后代发展造成威胁，有碍人类的可持续发展。加之全球气候变暖、环境污染等问题日益突出，使得人们开始对自身行为进行反思，当今世界各国已将环保问题提到议事日程。

近年来国际上陆续召开了世界经济与环境大会、联合国气候行动峰会和 G20 峰会等高峰论坛，反映出世界各国在环境保护方面加强合作的趋势。各国在应对全球环境恶化方面所做出的努力与承诺，表达了人们建设美丽地球的美好愿望。随着对经济发展与环境保护之间关系理解的逐渐深入，人类开始意识到经济发展不能以牺牲环境为代价，并呼吁通过绿色创新的方式来化解经济发展与环境保护之间的矛盾。

我国发展也遭遇了资源环境受限的现实困境，人们对美好生态环境的向往显得更为迫切。我国当前面临的主要环境问题是：①能源资源约束强化。据统计，2014 年我国石油对外依存度上升到 59.5%，天然气也紧跟其后，上升至 32.2%；重要的金属矿产，如铁、铜等对外依存度也逐年提升；年平均缺水量达 536 亿立方米，全国大约 2/3 的城市出现用水紧张的局面；耕地面积已接近 18 亿亩红线。②环境污染现象严重。环境污染的现实状况没有得到根本性解决，重点流域污染现象依然十分严重，城市雾霾等现象依旧频繁。③生态环境系统危机。据统计，2018 年全国水土流失面积 273.69 万平方千米，占国土面积的 28.6%，生态环境的污染和破坏引发了自然灾害等一系列问题。为此，党和国家高度重视我国经济发展与环境保护之间的关系，从习近平新时代中国特色社会主义思想、环境保护基本国策等指导思想来看，我国已经从战略部署层面对经济发展过程中所面临的环保问题进行了重点关注。国家“十二五”规划明确提出，要以绿色、低碳的发展观重点发展新能源、节能环保等产业。党的十八大创造性地将“生态文明”纳入原有的“四位一体”，从而扩展成为“五位一体”，并对生态文明进行单篇谋划，提出了“构建美丽中国”的规划。2015 年 3 月政治局会议对十八大提出的“四化”（即新型工业化、城镇化、信息化、农业现代化）概念进行了进一步的发展和完善，将“绿色化”的概念纳入其中。党的十八届五中全会提出了“创新、协调、绿色、开放、共享”的五大发展理念，并首次把“绿色”纳入“十三五”规划方案当中，全方位体现了我国在未来发展思路、发展方向、发展着力点。在我国经济发展面临新常态，同时又进入全面建成小康社会的“十三五”关键阶段，对经济发展进一步提质保量、转型升级的要求显得更为迫切。

随着环境保护政策的不断完善与深入，消费者对绿色产品低碳环保诉求愈加强烈。在绿色经济发展过程中，企业也逐渐意识到运用新技术、产品工艺等方面的创新将是获得可持续发展的关键。因而，近年来企业对环境的发展问题也越来越重视与关注。随着改革开放战略和西部大开发战略的全面实施，以西部地区为代表的区域经济发展取得了显著成效。但回顾以往传统粗放型（“三高一低”）经济增长方式可以看出，我们经济发展的方式主要以牺牲生态环境为代价。西部欠发达地区作为我国生态环境脆弱之地，是生态保护的重要屏障，实施绿色创新具有极其重大的战略意义。其中，贵州省作为我国西部欠发达地区的典型区域，研究贵州资源型企业绿色创新对于推动西部欠发达地区和全国资源型企业进行产业优化升级转型具有重要研究价值和现实意义。贵州省是维护中国西南地区生态环境的重要屏障，协调好经济发展和环境保护之间的关系，实现经济绿色化和可持续化的健康发展，是实现贵州经济高质量发展的关键。在经济发展新常态的现实背景下，我国的经济福祉逐步由非均衡型向包容共享型转换。贵州经济的高质量发展只有在节约有限自然资源和维护现有生存环境的基础上，防止“先污染、后治理”的错误观念滋生，设定系统完善的运行机制和保障政策，防止自然财产遭受损失，增强生态环境的健康水平和免疫力，才能有效实现包容性、可持续性、创新性和绿色的经济发展。目前来看，贵州资源型企业经营方式主要以资源采掘、初级加工和经营某种资源为主，简单粗放，技术水平低，产品链短，开采的资源无法进一步深加工成具有高附加值的产品，使得贵州主要以输出原材料和初级产品为主。因为经营方式较为粗放，对自然资源经过多年高强度的开采，不可再生的自然资源逐渐枯竭，使资源型企业的发展遭遇了瓶颈和挑战。自然资源消耗，资源开发浪费严重，导致资源企业经营成本增加，利润下降，企业在市场中的竞争力下降，加上企业人才匮乏，创新能力不足，部分资源型企业经营面临严重危机。要保证资源型企业的可持续发展，推动企业进行有效的绿色创新已经成为资源型企业转型和发展的关键。绿色创新作为资源型企业发展的重要抓手，有助于资源型企业在转型过程中明确当前存在的发展问题，并运用绿色创新技术进行解决，使企业重新获得发展动力和明确发展模式，有效提升企业的核心竞争力。由此来看，贵州资源型企业实施绿色创新已经成为时代发展和社会进步的必由之路。

二、理论背景

已有学者于20世纪60年代就开始重视环境保护问题，但是在考虑发展经济的同时确保环境不受到破坏的问题直到近十几年才受到广泛关注，并进行深入探讨。在研究初期，多数相关文献中大多以环境创新来替代绿色创新的概念，以James为代表的学者率先对环境创新进行了初步定义，即能够显著降低环境影响的同时又可以为企业和顾客提供价值的产品和流程（张静等，2015）。随后，学者们陆续开展了对绿色创新的系列研究，但是梳理现有研究成果表明，针对企业的绿色创新研究主要聚焦于“常规创新”，如技术创新、制度创新和文化创新等方面（刘薇，2012）。随着时代的发展和对企业绿色创新问题的深入研究发现，粗放式和概括式的研究范式不利于推动企业绿色创新的进步和发展。于是学者们开始关注绿色创新的影响因素和作用效果，以期拓展和发展企业绿色创新的相关研究。当前学者以不同的研究视角探讨了绿色创新的前因变量，例如，国内学者从创新主体角度，将绿色工艺创新动力归结为三个方面，即企业内部微观动力、企业之间中观动力和制造产业外部宏观动力（田红娜等，2013）。还有学者在此基础上，将绿色创新影响因素归纳为微观企业个体推动、中观企业群体推动、宏观环境引导推动（李广培等，2016）。从创新经济学视角，学者们运用一般理论探讨企业绿色创新是否作为一种“正常创新”，考察绿色创新的常规创新驱动因素是否能够在真正意义上促进企业绿色创新。目前已有研究大多将绿色创新因素归结为市场、技术和规则三个方面，并将绿色产品创新和绿色过程创新作为创新的结果，但在有关绿色创新前因变量及其影响因素的系统性分类整理等方面，尚待进一步研究与探讨。总体来讲，虽然学者对绿色创新的影响因素研究居多，但是研究内容较为分散，并未形成具有应用价值的理论体系，且对各因素的影响效果未进行较为系统的阐述，因此有待进一步的研究和探索。资源型企业在进行绿色创新的过程中，这些影响因素究竟是否会对企业绿色创新造成影响？是促进还是抑制？这些问题都有待进一步的探索。

尽管目前已有企业认识到绿色创新对经济社会可持续发展的重要性，但实际上仅有少数企业能够切实地将绿色创新的规定落到实处。现有的传统观点也在一定程度上束缚着企业进行绿色创新，有观点认为，尽管企业通过绿色创新能够带来环境保护方面的绩效，但这也丧失部分经济绩效（朱田，2015）。现有绿色创新与企业绩效的研究中，存在两种相反观点：①以新古典经济学派为代表的一方认为，企业的经济绩效会因为实施绿色创新而在一定程度上遭受损失。从企业的业务发展的角度来看，实施绿色创新会分散企业有限的资源，加重了企业的额外负担，不利于提高企业的经济绩效，降低了企业的竞争力。②以迈克尔·波特（Michael Porter）等为代表的一方认为，企业实施绿色创新不仅可以有效对生态环境产生积极效益，而且可以有效提高企业经济绩效。上述两种对立性观点主要通过对西方企业进行探究而得出，其结论可能并不适合国内企业。国内企业在开展绿色创新的过程中必将投入更多的资源（人力、物力、财力等）完成产业结构转型，绿色创新究竟能否带来真正的经济绩效？绿色创新的效果是否明显？仍然是需要探讨的问题。因而，基于现实诉求与理论基础，需要进一步探讨绿色创新与企业经济绩效等影响结果之间的关系。

资源型企业是以加工与开发自然资源为主，依托资源优势经营和拓展相关业务范围并提供服务，依赖资源的垄断获取超额利润，形成竞争优势进而实现经济增长的企业（马媛等，2016）。资源型企业不仅可以通过绿色创新获得持续竞争优势，更多的是可以为生态建设、环境保护的政策推进注入活力，为更好地满足人们的环境保护需求，转变经济发展方式提供发展路径。但作为向社会提供物质基础的经济实体，如何在绿色创新发展的浪潮下顺势而为？这也是当下资源型企业转型升级、更新换代必须思考的难题。对于西部资源型企业而言，生产结构形式单一，对资源严重依赖，只有通过技术创新过渡到绿色创新，从而转变经济增长方式，才能更好地构建资源节约型和环境友好型企业，实现可持续发展。因而，如何促使资源型企业进行绿色创新是解决经济发展与环境保护之间矛盾的关键。换言之，究竟哪些主要的生产因素影响企业绿色创新，是我们急需发现并亟待解决的问题。从形式上看，企业绿色创新在某种程度上增加了企业对于环保的投入。但通过深入研究可以发现，绿色创新为企业在当前激烈的市场竞争中赢得了先机，那么企业绿色创新究竟带来了哪些绩效后果是我们急需探索的问题。企业绿色创新在一定程度上增加了企业的运行成本，为企业实施绿色创新施加了资金压力，如何提供完善的政策保障促使企业绿色创新具有可持续性是必须面对的现实难题。但在文献梳理和实际研究中发现，对于企业绿色创新的相关研究文献主要集中在西方国家的一般性质的企业，缺乏对资源型企业特别是我国西部欠发达地区资源型企业的样本研究。因此，结合贵州资源型企业进行深入研究显得尤为迫切和极具研究价值。本书结合理论研究和实证分析来论述上述问题。

三、研究目的及意义

（一）研究目的

本书主要以理论研究和实证分析为基础，以贵州资源型企业为对象，研究目的主要包括以下几个方面：①以国内外资源型企业绿色创新案例为切入点，全面分析国内外资源型企业绿色创新的经验，识别影响资源型企业实施绿色创新的相关因素，梳理影响资源型企业实施绿色创新的因素；②通过实证研究来探究各层面不同因素对企业绿色创新的影响效果，完善资源型企业实施绿色创新影响因素的系统研究；③全面梳理和总结资源型企业实施绿色创新的效果，并进一步识别企业绿色创新与绿色企业形象、企业绩效和企业竞争优势之间的关系，从而完善绿色创新理论研究体系，为贵州资源型企业更好地完成由技术创新转向绿色创新提供理论依据，同时为相关政府部门制定企业绿色创新产业政策提供参考。

（二）研究意义

1. 理论意义

本书聚焦贵州资源型企业，从企业层面对绿色创新展开探讨，主要包含以下几方面理论意义：①以利益相关者理论、社会网络理论、高阶理论、资源依赖理论、竞争优势理论和资源基础理论等为支撑，深入研究和系统梳理贵州资源型企业进行绿色创新的影响因素，丰富和完善了资源型企业绿色创新的影响因素研究；②剖析各层面不同因素对绿色创新的影响效果，同时对绿色创新的绩效后果进行分类阐述，为现代企业能够进行有效的绿色创新提供理论参考依据；③解释绿色创新对企业绩效的影响，同时将绿色企业形象、企业绩效，企业竞争优势纳入统一框架中，验证绿色创新两个维度对绿色企业形象、企业绩效、企业竞争优势产生的作用效果，弥补了现有绿色创新效果研究相关文献中的不足，并拓展了绿色企业形象、企业绩效、企业竞争优势的现有研究；④通过对各因素与企业绿色创新之间的影响作用分析，建立较全面的系统架构，进一步扩展绿色创新研究领域，同时为更好地补充或完善资源型企业绩效研究提供理论支撑。

2. 现实意义

本书以贵州资源型企业为研究对象，采用文献研究、案例分析和实证方法对企业绿色创新动因进行探究，对资源型企业进行绿色创新的选择策略进行分析，并论证企业绿色创新与企业绩效之间关系，主要包含以下五个方面现实意义。①对于企业外部因素的研究而言，本书有助于资源型企业反思产品制造流程，重塑产品销售、产品制造与企业外部因素之间的关系，重新审视企业外部因素对企业发展的重要意义，不能单纯地依靠消耗环境资源的发展方式来提升企业经济增长，而应该增加对企业外部因素（如政府、消费者和竞争者等）的识别和关注，在企业产品生命周期的全过程中纳入对外部因素的考虑，在制造生态绿色产品和创新生产方式的过程中，要着重考察环境资源与企业经济发展相匹配，从过去的以要素驱动逐步向以绿色创新驱动转变，最终实现环境资源的有效保护和企业的持续发展。②对于企业内部因素的研究而言，本书有助于企业高层管理者合理控制整个企业的运行，有效分配企业内部资源，制定完善的企业内部制度。同时有助于企业建立有效的信任制度，保证工作的正常运行和充分调动员工参与绿色创新的积极性。有利于为开发新产品和升级原有的流程提供充足的资源和信息，以推动资源型企业绿色创新。③对于网络结构因素的研究而言，本书有助于企业积极优化网络连接的强度、密度和中心化程度，通过系统合理的网络结构来增进企业与其他组织之间的互动，提高彼此信任提升合作意愿，加速资源信息的流动，推动企业关系资本的投入，最终实现高水平的深度交互行为而达到知识转移效果。④对于绿色创新绩效研究而言，本书有助于企业培育绿色创新的文化，制定绿色创新政策和激励制度，促进企业绿色产品创新、绿色流程创新，利用制度的力量不断孕育绿色创新的能力。同时说明企业实施绿色创新的能力越强，企业为实施绿色创新战略所提供的资源就越多，可以协助企业建立良好的社会形象，确保企业可以获取长期竞争优势。⑤政府作为绿色创新的政策推动者，本书为贵州资源型企业绿色创新提供了新的发展思路，进而为地区政府对企业绿色创新政策的制定提供了理论指导和政策建议，使得企业绿色创新更具可操作性和可持续性。

第二节　国内外研究现状

一、资源型企业内涵界定及研究现状

（一）资源型企业定义

资源型企业是国家重工业支柱和能源安全承载者，在国民经济发展中发挥着举足轻重的作用（盖艳梅等，2018），我国经济社会的可持续发展与资源型企业的可持续发展密切相关。因此，更好地界定我国资源型企业的范围，分析其发展现状，研究其绿色创新行为，对国民经济可持续发展具有重要指导意义。

资源型企业与劳动密集型、技术和知识密集型、资金密集型企业存在显著差异。资源型企业，顾名思义就是通过消耗资源来谋求发展的一类企业（严良等，2008）。不同学者对于资源型企业的定义不同，但是总结后不难发现，资源型企业有广义和狭义之分，广义的资源型企业涉及所有的自然资源领域（主要是地下的矿产资源和地上的动植物资源）的企业，狭义的资源型企业仅指以矿产资源为导向的企业（王敏等，2016）。同时，资源型企业的核心竞争力来源于其对自然资源的占有优势，自然资源对产品的贡献占据主体地位，可以根据生产经营资源产品的不同将资源型企业分为两种类型：第一种是通过占据丰富资源而获得核心竞争优势的企业（包括煤炭、石油企业等）；第二种是资源物耗成本较大的企业（如钢铁、水泥企业等）（孙宝红，2018）。本书所探讨的资源型企业特指通过消耗不可再生资源而从事生产经营活动的企业。

（二）国内资源型企业创新研究

基于国内资源型企业对资源依赖程度较高，因而学术界主要着眼于资源依赖程度高这个方面的研究，对资源型企业的研究并不十分丰富。目前对资源型企业的创新研究主要集中于创新能力评价、技术创新等方面。

在创新能力评价方面，王锋正等（2007）以自主创新理论为基础，将西部资源型企业进行对比研究，提出为了进一步提升资源型企业创新能力，需要从七个方面建立体系，如法律法规、区域创新支撑、科技政策支撑等。徐平（2009）在对中国石油天然气有限公司创新机制与创新能力的研究过程中，将熊彼特的创新理论与流行的自主创新理论相融合，发现中国石油天然气有限公司的自主创新能力水平比较高，并对企业的创新能力进行了着重分析。

在技术创新方面，马富萍等（2011）探讨了外部环境规制对资源型企业技术创新的影响，研究结果表明，命令控制性环境规制对技术创新绩效和生态绩效的促进作用并不大，而激励性环境规制和自愿性环境规制对技术创新的促进效果明显。许卫华等（2015）利用面板数据实证检验了环境规制对技术创新能力的影响，研究结果表明，环境规制能正向促进企业技术开发能力的提升；并提出了加大金融支持力度、完善人才培养机制、制定差异化的环境规制政策等方法。张方等（2012）针对资源型企业技术创新管理的复杂性与协同性进行系统研究，确立了资源获取与控制能力、动态整合能力和创新实现能力作为支配役使资源型企业技术创新管理系统演化和发展的有序参量，从而使得技术创新活动走向更高级的有序阶段。

此外，研究者也对资源型企业的其他方面进行了一系列研究。李存芳等（2013）就可耗竭的资源型企业的区位选择因素进行了分析，研究发现“决策偏好”“法制环境”“资源禀赋”“区位成本”“经济区位”“政策引力”“民众素质”等因素间接对其区位选择产生显著影响。谢雄标等（2015）就中国资源型企业的绿色创新行为进行了问卷调查研究，结果表明，资源型企业具有创新意识，比较重视生产过程的控制及其管理制度的规范，同时也存在一些其他的问题，如在环保制度的执行、员工绿色创新意识、绿色创新的投入与产出等方面依旧存在不足。

二、绿色创新内涵界定及研究现状

（一）绿色创新定义

近年来，随着绿色创新成为当下研究的热点，与绿色创新相近的概念主要包括生态创新、环境创新和可持续创新，由于以往研究并未对绿色创新与其他创新进行有效地区分，出于研究目的，本书将相近的概念进行辨析，旨在对绿色创新做出更为准确的界定。

在研究早期阶段，学术界关于绿色创新还没有形成一个普遍的定义，从不同视角可以将绿色创新分为产品创新和工艺创新两个维度（Rennings，2000）。戴鸿秩等（2009）指出，绿色创新又称环境技术创新、可持续创新等，是指企业在创新活动过程中，降低环境的负面影响与资源利用率，实现能源、材料等的节约。人类社会关注环境—经济—社会协调发展，并使之得以实现的创造性活动都可以称为绿色创新（陈华斌，1999）。具体而言，绿色创新是一种旨在减少对环境影响的企业创新行为，它强调的是通过新的思想、思维、产品流程及管理方式等减轻企业环境保护负担，以实现可持续发展的生态目标。企业在提高经济绩效的同时，也能通过培育绿色技术，降低环境污染，肩负维护和改善环境的社会责任（尚航标，2015）。而在近几年环境管理和组织战略的相关文献中，绿色创新的使用频率远超出其他相近定义（戴鸿轶等，2009）。

随着“创新”与“生态环境”问题的实践日渐突出，生态创新、环境创新、可持续创新的表述各自具有特色，并且不同的含义代表了不同学派与不同观点，但从本质而言，在可持续发展经济理念下，创新活动的开展无非是基于不同层面来关注不同的生态环境。绿色创新与其他概念共同的特征具体表现在以下方面，如表 1-1 所示。

表 1-1　绿色创新与其他创新共同特征（Schiederig et al.，2012）

层面	具体内容
创新主体	涉及的产品、流程、服务和方法方面创新
市场导向	满足市场需求、获取相关租金、提高竞争优势
环境目标	降低环境负面影响；最优实现零影响
创新动力	获取“双绩效”：环境绩效、经济绩效
产品生产	涉及产品生命周期
创新水平	为企业建立新的创新标准

在对生态创新、环境创新、可持续创新和绿色创新定义的研究发现，尽管定义差异微乎其微，但是就其关注内容而言，同一主题被相关文献替代使用。这 4 个概念主要涵盖下列几个方面。①创新主体。创新主体主要囊括了产品、流程、服务和方法。②市场导向。均是为了满足市场日益变化的需求和动态的竞争。③降低环境负面影响。④动力来自经济与生态。⑤一定程度上均考虑生命周期。⑥层

次上建立相应的新的创新标准。上述概念中，就其创新主体而言，均是产品、流程、服务与方法。市场导向的出发点是为了更好地满足消费者的需求或解决特定问题，以此提高企业的市场竞争力。就其环境目标而言，环境的负面影响无疑是逐渐降低，甚至消除的。在层面上，改进企业流程再造。与其他概念相比，可持续创新包含了经济、生态、社会 3 个维度。然而生态创新、环境创新与绿色创新均只强调经济与生态的关系。虽然上述概念存在细微差异，但就其定义而言，4 个概念在某种程度上均属于同一定义，在众多的文献中，它们可以互相替代使用。有的学者就认为绿色创新等同于环境创新、生态创新（Bernauer et al.，2006）。随着对组织创新研究的不断深入，更多的企业并不仅仅局限于关注环境问题，甚至把环境问题上升到企业战略决策考虑。2005 年以来，绿色创新为企业如何面对自然资源给出了更深层次的考虑。本书以资源型企业为对象，将绿色创新概念界定为基于资源型企业为了降低环境对其影响而在战略和行动上做出的尝试。

（二）绿色创新近似概念比较

自工业革命以来，经济的快速发展使得资源紧缺，环境不断恶化，全球性环境污染问题不断地引起广泛关注，国际社会逐渐意识到经济和社会可持续发展的重要性。创新作为经济发展的灵魂，绿色创新的思想包括了社会可持续发展理念，旨在节约社会资源。绿色创新在这种背景下应运而生，成为企业在激烈竞争中争取市场地位、获取竞争优势的必要选择。

绿色创新近几年被学术界关注，以此成为环境管理领域研究的主流。在此之前，通过对环境管理及创新管理领域文献梳理发现，有许多与其近似的概念，就像经常提出的可持续创新、生态创新、环境创新，其出现频率远远超出绿色创新。绿色创新也通常被称为“生态创新”“环境创新”“环境驱动创新”“可持续发展创新”。例如，Bernauer 等（2006）就将绿色创新等同于环境创新和生态创新。除此之外，还有其他相关术语从侧面角度对其进行界定，如绿色技术、环境技术、生态设计等。就绿色创新本身概念而言，最早提出绿色创新概念的是 Birgit（1998），虽然没有明确提出此定义，但是他强调只要企业在对其新产品、技术、市场、系统开发与引进中纳入生态范围均属于绿色创新。从务实的视角，Driessen 等（2002）将绿色创新更多的看作一种产生环境效应的目标，而非仅通过其降低环境风险。

Chen 等（2006）认为，绿色创新内容极为广泛，不仅包括绿色产品、绿色工艺硬件或软件创新，也涵盖技术创新，如节约能源、污染预防、废弃物回收利用、产品设计及环境管理。

绿色创新通常指更为广泛的创新，这种创新既包括绿色产品、工艺与技术上的创新，还包括组织、制度与管理的创新。对于绿色创新的定义，陈华斌（1999）界定过于宽泛，他认为人类社会为实现经济、环境社会协调发展所进行的一系列创造性活动都属于绿色创新。与陈华斌定义类似，杨庆义（2003）认为绿色创新应该包括创新设计、创新过程、创新目标、创新成果等绿色活动。张小军（2012）倾向于将绿色创新看作企业发展战略与行为，他在对大量文献归纳与总结的基础上，将绿色创新划分为三类定义：其一，降低环境影响的绿色创新；其二，引入环境绩效的创新；其三，改进环境绩效的创新。刘薇（2012）将绿色创新划分为绿色制度创新、绿色技术创新、绿色文化创新，同时对三者之间的关系做出说明，她认为绿色技术创新相较于另外两者而言，是最核心、最主要的部分。绿色制度创新、绿色文化创新为绿色技术创新提供必要的支持与引导。就绿色创新的多重外部性，李旭（2015）通过动机—过程—框架将其划分为三类，第一类为促进资源节约的创新，即资源节约型创新；第二类是强调减少环境成本的创新，即环境节约型创新；第三类是既可以节约成本又可以提升竞争绩效的创新，即混合创新。尽管绿色创新可以简单定义为减少对环境不利影响，提升环境绩效的创新，但是这种表述宽泛，可以认为只要具备创新的新颖性、价值性等特征，能将环境进行改善，就可以将其划归为绿色创新。大多研究者接受这一核心理念，但在具体内涵上，还是存在较多差异。为了对绿色创新定义进行界定，本书通过文献梳理，列举部分学者对绿色创新的不同理解，如表 1-2 所示。

表 1-2　绿色创新不同内涵

绿色创新主体	绿色创新主要内容	文献来源
企业	新产品和新的生产过程	（Fussler et al.，1996）
	对过程、技术、系统及其产品的改良，包括技术创新和组织结构、管理规程和管理方面创新	（Kempty et al.，1998）
	创新不是必须以减少环境压力为开发目标，但要能产生显著的环境效益	（Driessen et al.，2002）
	绿色产品或绿色工艺硬件或软件创新，也涵盖技术创新，如节约能源、污染预防、废弃物回收利用、产品设计及环境管理	（Chen，2006）

续表

绿色创新主体	绿色创新主要内容	文献来源
企业	降低环境影响，引入环境绩效，改进环境绩效	（张小军，2012）
	绿色制度创新、绿色技术创新、绿色文化创新	（刘薇，2012）
	资源节约型创新、环境节约型创新、混合创新	（李旭，2015）
企业与非营利性组织	绿色创新包含技术、组织社会和制度创新	（Rennings ，2000）
整个社会经济体系	观念、环境技术、产品创新、生产过程创新、环境一经济一体化制度创新	（陈华斌，1999）
	创新设计、创新过程、创新目标、创新成果等绿色活动	（杨庆义，2003）

由表 1-2 知，国内外学者将绿色创新大致分为狭义绿色创新和广义绿色创新。就狭义绿色创新而言，绿色创新行为主体不仅包括单一企业，而且也包括多家企业协同。从绿色创新的内容而言，其内涵不断丰富与扩展。从生产过程及产品服务主要绿色创新对象的技术性绿色创新逐渐扩展为针对公司管理涉及组织架构、商业模式、营销方式上的非技术性绿色创新活动。就广义绿色创新而言，不单单立足于企业，而涉及整个经济体系的参与者，在多种利益相关者的参与下，使绿色创新的思想由单一的企业层面逐渐扩展到社会思想文化创新领域。可以看出，绿色创新可以涉及多个维度、多重主体，以此更加体现了绿色创新的复杂性。

从已有的绿色创新定义来看，不同的学者出于不同的研究需要，对绿色创新定义的争议主要集中在两个方面：第一，对环境收益影响的界定；第二，生态创新是否有意地追求环境利益。在这些问题的面前，对概念的界定有一定的问题。其一，采取或使用的概念过于宽泛，不利于理解和应用绿色创新概念；其二，随着环境保护议程的不断深入发展，环境收益是一个相对动态的过程，界定其不变是不合理的。在企业进行绿色创新时，是否有意追求收益这个问题上，不少学者提出环境收益创新概念。例如，Kemp（1997）提出，绿色创新收益既包含有意识的创新收益，也包括无意识的创新收益。无论先前的绿色创新行为是有意识的还是无意识的，学者们都认为只要是为了追求环境绩效的创新行为都属于绿色创新。尽管学术界对绿色创新定义的表达方式不同，但目前绿色创新都强调“创新”和“环境绩效”，也具备特殊性。绿色创新的特殊性表现在它的“双重外部性”，不仅能在生产环节产生效应，更能在扩展阶段产生影响，从而能够减少生产成本，产生双重效应。但是由于环境问题的负面性，绿色创新“双重外部性”进一步阻碍着企业的绿色创新意愿，使企业出现绿色创新前进动力。无论是对于创新者还是企业而言，只有当绿色创新获得足够的收益时，绿色创新活动才有意义。因为绿色创新不具备双重特征的属性，进而在分析企业创新驱动的过程中，需要运用相应的、特定的理论进行分析。一般绿色创新理论注重技术推动和市场拉动对绿色创新活动产生的作用。就绿色创新技术而言，技术因素和需求因素显著影响企业的绿色创新，在产品的开发与设计阶段，技术因素占主导地位，而在产品销售阶段，需求因素起主要作用。在考虑绿色创新时，市场需求拉动仅仅是一方面。因此，对驱动绿色创新的因素进行分析时，可以将一般绿色创新理论进行扩展，并分析环境因素对其作用，如果单纯从技术推动和市场拉动两个方面不足以进行解释，还可以从政策规制等方面入手。总结而言，随着资源不断约束，全国上下都对绿色创新不断重视，并通过绿色创新走上可持续发展之路。但在理论发展阶段，其研究刚刚起步，由于缺乏公认的定义与清晰的内涵，在一定程度上阻碍了其发展。

（三）绿色创新的维度和测量

绿色创新的含义较为丰富，但基本划分为产品创新、营销创新、工艺创新和组织创新四个部分（Fagerberg，2006）。很多研究者按照对创新在对象及其内容上划分，对环境创新进行分类。例如，Klassen 等（1999）、Chang（2011）将环境创新一分为二，包含环境产品创新和环境工艺创新。其中，环境产品创新主要是指通过对已有产品的改良与革新来降低产品对环境的负面影响；环境工艺创新则是通过生产过程中工艺的创新来降低对环境的不利影响（Chiou et al.，2011）。其中也有学者将产品创新、工艺创新和组织创新合并为生态创新（Oltra et al，2007）。1997 年，经济合作与发展组织（Organization for Economic Co-operation and Development，OECD）将生态创新划分为绿色流程创新、绿色产品创新、绿色组织创新（张小军，2012）。绿色流程创新与环境工艺创新大致相同，也是指在生产过程中为了降低对资源环境的破坏而进行的创新，主要包括生产流程革新、生产技术创新及资源的回收再利用；绿色产品创新则与环境产品创新大体相同，是指产品在设计、生产、销售等各个环节降低对环境带来的不良影响（Dangelico et al.，2010）；绿色组织创新定义是企业在进行创新行为时，对企业的组织结构、人力资源等方面的重组与革新。王建明等（2010）认为绿色创新应该包括绿色技术创新、绿色生产创新、绿色营销创新三个部分。而绿色技术创新又包含绿色产品创新和绿色工艺创新（焦俊等，2011）。在生态创新的分类基础上，董颖等（2013）以可持续发展和生态环境范式演变为基础，将产品生态过程创新、生产过程创新、末端生态创新、系统生态创新，这四个维度相整合统称为绿色创新。

企业的创新行为由起初的被动适应环境到最后的积极主动适应环境，实则为连续统一体。在连续统一体的左端，企业尚处于被动适应环境阶段，在迫于外界环境管制与利益相关的压力下，所从事的是防御性游说和污染末端治理（Aragón et al.，2003），这种背景下的绿色创新是被动消极的。而在连续统一体的右端，企业已由被动适应阶段转变到积极主动适应环境阶段。这一阶段的绿色创新包括企业将外部环境变化与自身条件结合后进行分析，并对生产经营作出相应的调整，接收新技术并进行学习，革新生产流程以此敌对环境的负面冲击（Russo et al，1997；Sharma et al.，1998）。在企业创新行为连续统一体的理论上，学者们纷纷以此为基础，对创新行为做出不同的维度划分。Chen（2008）将绿色创新划分为主动绿色创新和被动绿色创新；与此类似，Moon（2010）将绿色创新划分为积极环境行为和响应性绿色创新；也有学者采用三维度对绿色管理做出了划分。Liu（2009）以中国企业为例，通过采用因子分析法，将企业环境行为划分为消极防御、主动防御及积极行为。当然，已有学者做出了更为细微的划分，将企业面对环境所持有的态度将企业面对环境问题战略划分为 4 种战略：①反应型战略；②防御型战略；③适应型战略；④主动型战略（Henrique et al.，1999）。与此类似，Christmann 等（2002）基于公司现有的资源和能力水平，结合战略的重要性将绿色创新划分为：①主动型战略；②适应型战略；③防御型战略；④能力建设型战略；⑤反应型战略。就创新的强度与实质而言，绿色创新可以分为渐进性创新和突破性创新，也可以称为持续性创新和颠覆性创新。在大多数学者看来，如果只有单纯的渐进性创新，而非颠覆性创新的话，未来的可持续发展很难实现（表 1-3）。

表 1-3 绿色创新维度和测量

维度	维度结构	文献来源
二维度	环境产品创新、环境工艺创新	（Klassen et al.，1999）
	主动绿色创新、被动绿色创新	（Chen，2008）

续表

维度	维度结构	文献来源
二维度	积极环境行为、响应性绿色创新	（Moon，2008）
三维度	产品创新、工艺创新、组织创新	（Oltra et al.，2007）
	绿色技术、绿色生产、绿色营销	（王建明等，2010）
	绿色技术、绿色营销、绿色管理	（焦俊等，2011）
	绿色流程创新、绿色产品创新、绿色组织	（OECD，1997） （张小军，2012）
四维度	产品生态过程创新、生产过程创新、末端生态创新、系统生态创新	（董颖等，2010）
	反应型战略、防御型战略、适应型战略、主动性战略	（Henrique et al.，1999）
五维度	主动型战略、适应型战略、防御型战略、能力建设型战略、反应型战略	（Christmann et al.，2002）

纵观上述针对绿色创新维度的研究，显而易见，绿色创新的分类同样千差万别，这是因为其概念的多样化和界定过程中的复杂性，以及研究视角的不一致。但就其实质而言，无论出于理论构建还是实证研究都离不开科学而合理的维度划分，尤其是当“绿色创新”作为变量去测度时，必须依据相应科学而合理的标准。本书认为，对绿色创新划分应该建立在对已有划分标准基础之上。基于此，本书对绿色创新的界定主要侧重于企业在产品、工艺、管理等方面克服环境消极影响的创新行为，因此，基于前人研究基础，本书将绿色创新划分为两个维度，分别是绿色产品创新和绿色工艺创新。

三、资源型企业绿色创新研究现状

（一）绿色创新的研究视角和理论基础

基于绿色创新定义的不同，众多学者从不同视角对绿色创新展开了不同的研究。张钢等（2011）从环境经济学、创新经济学等视角，对绿色创新进行了系统的梳理。Karakaya 等（2014）总结并梳理了引用率较高的文献，将生态创新划分为三个不同的交叉学科（经济学、社会学及管理学）和两个传统的研究领域（市场学和代理模型），并从不同的视角，如经济学、社会学、管理学及市场学等对绿色创新在内容与结论上做出了相应的总结与展望。就梳理的方式而言，张钢和张小军侧重于研究脉络，而 Karakaya 等侧重于研究方法，如进化经济学、策略等。出于本书的研究目的，在已有文献梳理的基础之上对其采用以研究脉络为主，研究方法为辅进行文献梳理。

环境经济学主要聚焦于环境管制方面对企业竞争力的影响，以及在不同的环境规制下，企业的创新行为可能存在的不同。环境规制作为外在成本内化的一种有效手段，实质上是一种政策性行为。就其划分而言，可以将其分为三种主要类型，分别是行政型规则、经济型规则、社会型规则。在环境经济学的视角下，绿色创新的有关研究主要集中于如何选择并分析环境政策工具对企业绿色行为及其活动的影响，以及在经济绩效与环境绩效面前，是否真正地达到了“鱼和熊掌可以兼得”。就现有的理论框架而言，基于环境经济学研究视角下，理论构架主要如图 1-1 所示。

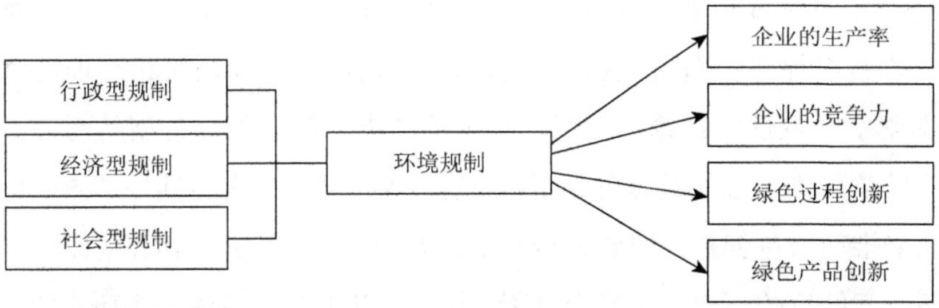

图 1-1　环境经济学视角下绿色创新研究理论构架（李旭，2015）

从研究方法上看，可以将绿色创新研究理论划分为两个主要的类别。其一是基于相关理论（博弈论或最优化模型），在不同的市场结构下，针对环境政策工具进行不断地优化与改进。在此分类中，研究主要关注的环境政策工具为：①市场型环境政策工具，如相关排污费、减排方面的奖励惩罚等；②命令控制型政策工具，如污染标准、排污额等。在该市场结构下，依然存在着完全竞争市场、完全垄断市场、垄断竞争市场和垄断寡头市场。这类研究无论是框架还是方法均比较成熟与完善，相关理性假设前提下所得出的结论均达成共识。其二是在历史数据和已有的结论上进行假设检验。在这类研究中，大量的研究者根据其研究领域的不同对不同行业进行了大量的实证。但截至目前，环境规制对绿色创新的影响尚没有形成一个统一的意见。例如，在“波特假说”强、中、弱 3 种变体中，Lanoie 等（2011）通过设计不同的代理变量，如环境绩效、环境政策等，通过采用 OECD 近 4200 个国家的数据样本检测了该变体性假说。研究结果表明，“弱”假设获得显著性支持，“中”假设获取基本支持，“强”假设反而不具备显著支持。在环境机制的选取方面，以推动最优的环境政策的创新工具并不存在。相比行政规制而言，市场激励经济型规制如排污费、排污交易等对绿色创新的驱动更为激烈。通过实证研究，Rexhauser 等（2014）在区分规则驱动创新与自愿创新方面，企业不断地提高资源利用率的绿色创新居然对企业的盈利能力毫无影响，反而企业每单产出的成本消耗方面的绿色创新对企业的盈利能力产生更为积极的影响。无论是规则驱动创新，还是自愿创新，这种积极的影响均存在，如果相比而言，这种效应在规则驱动创新上更为显著。依据上述研究者结论，可以得出“波特假说”并非适用一般企业，而很大程度上与绿色创新的类型相关。

结合前文对绿色创新的分类，不难看出，在界定第一类的绿色创新中，其主要内容是绿色创新对环境的影响，因此，从环境经济学的角度而言，无需环境规制，企业本身对绿色创新就是积极主动的，只需尚待加以运用相应理论就可以得出与基本创新一致性的结论。然而，对于第二类、第三类绿色创新而言，环境问题存在出发的外部效应使其绿色创新具有存在必要性，只有将其外部效应更好地内化，以此来推动绿色创新。如果对其不加以进一步地区分并具体化，而加以运用于整个结论，其结论的不一致性尤为显著。绿色创新的分类是进一步研究的基础，以环境经济学视角研究而言，主要针对的是第二类、第三类的绿色创新。

在创新经济学视角下，强调了在探讨绿色创新的形成因素与机制面前，主要针对两个问题展开研究：①是否绿色创新就是“正常的创新”，是否在阐述与解释时，需要特有的理论去支撑；②绿色创新的驱动要素。常规的绿色创新因素是否同样也会促进绿色创新因素的形成。在已有的大多数研究中，绿色创新主要因素来自市场、技术和规制，结果主要包括绿色产品创新和绿色过程创新。在该视角下，研究框架如图 1-2 所示。

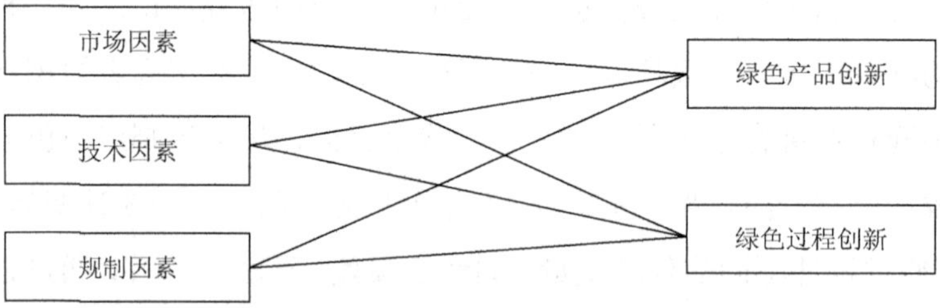

图 1-2　创新经济学视角下绿色创新研究（李旭，2015）

针对绿色创新是否就是正常的创新，已有学者研究表明了这些传统的创新理论与方法依然有效果。然而与此矛盾的是，另外一些学者研究发现，目前的绿色创新理论并不完全适用于绿色创新行为。绿色创新作为新的概念，处于不断的发展中，因而对绿色创新的研究需要新的研究的思路。对于绿色创新的驱动因素，研究结果表明，仅仅从技术与市场两因素拉动不足以有力且完全地阐释其动因，还需在规制方面加以考虑。更为具体地讲，已有学者对此进行了实证研究。Rennings 等（2011）对绿色产品创新和绿色过程创新做出了界定，并发现顾客需求、市场竞争在一定程度上能推动绿色产品创新，而绿色过程创新更多地受到环境规制的影响。结合绿色创新的分类，第一类绿色创新与一般创新无明显差异，以传统视角看绿色创新依然适用有效。除经济绩效外，还有间接的环境绩效。可以看出研究结果还是存在一定的差异。对于第二类与第三类绿色创新而言，并不能简单地将其化为“正常的创新”。除了技术推动和市场驱动以外，规制因素也需要考虑。因此，当前的理论并不是十分契合绿色创新。此外，由于人们更多的考虑环境污染指标并将其纳入研究，环境污伴随产品的生产过程产生，因而绿色创新更多的受绿色生产过程影响驱动，此项结论更容易被理解与接受。

在战略管理的视角下，绿色创新的研究主要聚焦在绿色创新战略对企业竞争优势的影响机制。具体而言，探讨了什么因素影响企业实施绿色创新战略，以及在企业实施绿色创新战略后，对企业的经济绩效会产生什么样的影响。研究框架如图 1-3 所示。

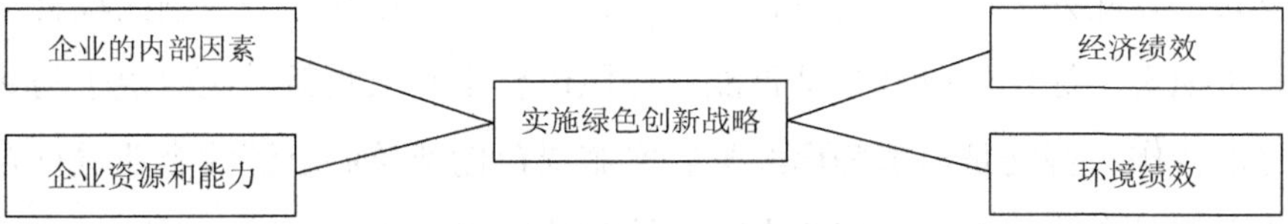

图 1-3 战略管理视角下绿色创新研究（李旭，2015）

在该视角下，存在 5 种关键因素影响企业绿色创新战略，分别为：①对产品生产、流程革新的常规绿色能力；②员工对环境的态度和参加环境方面的培训；③跨越内部职能的绿色组织能力；④正式的环境管理体系和程序；⑤关于环境问题的规划。这些关键因素都在一定程度上影响着企业推行绿色创新发展战略。通过多案例比较，张钢和张小军（2013）研究发现，3 个主范畴（预期经济收益、冗余资源和利益相关者压力）与绿色创新战略显著相关。其中，预期经济收益是前置变量、冗余资源是内部情境变量、利益相关者压力是外部情境变量，它们影响绿色创新战略的方式和路径并不一致。此外，还有研究发现，企业在实施绿色创新战略后，企业的声誉会得到提高，也能在一定程度上提升企业的环境绩效进而影响企业的经济绩效。

结合前面定义，第一类创新能够提高环境绩效的同时间接提高经济绩效，从而实现“双赢”。而对于第二类与第三类绿色创新而言，需要运用环境经济学、进化策略等方法，根据具体情况进行下一步研究，这应该是未来研究方向的重点。

产业组织视角更多倾向于市场结构和企业绿色创新行为，现有研究大多聚焦在企业规模与企业合作等产业特征对企业绿色创新行为的影响。研究框架如图 1-4 所示。

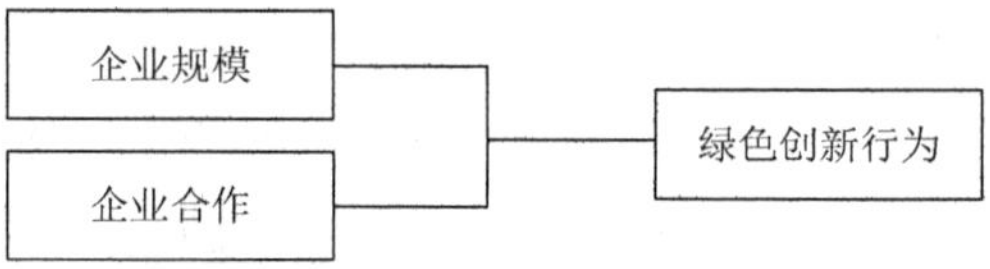

图 1-4 产业组织视角下绿色创新研究（李旭，2015）

环保活动需要投入大量的人力、物力与财力，而企业规模显然是一个值得研究的方向。现有的部分研究认为，企业规模越大，其绿色创新水平与能力也就越高。因为中小型企业资源占有率较低，信息通道不畅通，不利于企业进行绿色创新。与此观点相反的是，中小型企业比大型企业更具有灵活性，在适应环境方面要比大型企业更具有优势。因而，现有研究关于企业规模对绿色创新的影响还没有达成共识。此外，就其本质而言，技术、组织、市场和社会问题的综合，企业是否真正地实施绿色创新及其是否能在绿色创新中获取收益，还取决于与其他企业的有效合作，特别是与那些已经具有实施绿色创新核心资源的企业进行合作。就企业合作对企业开展绿色创新实践与绩效的研究表明，企业之间的合作越频繁，网络活动越活跃，就越有可能进行绿色创新，并且在其中受益。一般而言，大型品牌会更加注重社会形象，在承担社会责任方面更为重视。同时，因其相应的理念，中小型企业并不具备这种理念。

总结前文定义，由于第一类定义与一般绿色创新定义相符，所以企业规模、企业合作对绿色创新行为并不起影响，对于第二类与第三类绿色创新来说，影响更大。因为绿色创新的驱动主要来自管制，因而企业规模与企业合作尤为重要。

如果不加以有效地区分，很难做出一致结论。

近年来，学者采用管理学理论对绿色创新不断研究，其理论涉及制度理论、利益相关者理论、资源基础理论等，分别从制度、组织、个体三个层次进一步剖析了微观层面上企业绿色创新的影响因素。本研究采用管理学理论解释不同层次因素对企业绿色创新的影响。

（1）制度层面。在制度层面，研究绿色创新的影响因素，主要是基于制度理论（Meyer et al.，1977；Suchman，1995）和利益相关者理论（Freeman，1978；Mitchell et al.，1997）。两种理论都强调了企业的社会嵌入性与外部控制的特点。通俗来讲，就是外部环境与组织行为的关系。具体而言，就是关注制度理论如何塑造组织行为的问题。社会认同的合法性是其假设的前提。因而，组织所做出的行为与社会期望的方向会趋于一致。基于制度理论的研究，并没有深入研究企业的绿色创新如何影响其经济绩效。因为在整个社会经济活动中，为了遵循社会普遍的价值体系，提升经济绩效并不是实施某种行为的主要原因（Berrone et al.，2013）。而对于利益相关者理论来说，利益相关者的重要性原则取决于他们的权利性、合法性与诉求。企业中更多的管理者对利益相关者感知还取决于管理者其他素质，如价值观、态度等（Agle et al.，1999；Egri et al.，2000）。因此，综合而言，运用利益相关者理论分析时，需先将利益相关者进行分类，在不同利益相关者所面临的压力不同时，来研究绿色创新对企业产生的不同影响。

（2）组织层面。基于资源基础观（Barney，1991；Barney et al.，2001）、自然基础观（Hart，1995；Hart et al.，2011）是组织层面的主要研究视角。资源基础观其核心主要围绕市场上由于要素存在差异与缺陷，必须发挥企业可持续竞争优势与企业高经济绩效要求。在一定的时间段，组织间不可流动性的异质性资源和能力，这些资源与能力具有价值性、稀缺性和不可模仿与不可替代等特征（Barney，1991）。因此，企业进行绿色创新的影响因素可以从两条路线去思考。其一，企业为了构建和获取资源异质性能力，就必须进行绿色创新。Vredenburg（1998）认为，生态创新能够有力地提升企业的合法性与声誉，且有助于企业建构专业性的能力。其二，具备了异质性资源的企业可以开展一些其他企业能够做好的事情，就像绿色创新。与其他企业相比，它们具有较大的竞争优势。目前现有组织层次的实证研究，主要基于第二条影响因素研究。

（3）个体层面。在个体层面对绿色创新分析主要基于高阶理论与计划行为理论视角。就高阶理论看来，企业的领导者及决策团队会在很大程度上影响企业的决策与绩效（Hambrick et al.，1984）。高层管理者心理及其特征能显著影响企业是否进行相应的创新行为。而计划行为理论（Ajzen，1991）认为，个体的态度、主观规范及行为控制感决定了个体的行为。态度是个体对某种行为或者与预期行为结果的偏好程度。主观规范在这里是指个体在考虑是否执行某一行为时感知到的压力，这种压力可能来自周围的人，其有效地反映了重要利益相关者对个体行为决策的影响。行为控制感作为个体对成功实施某一行为的一种知觉。与组织层面类似，其应用探索绿色创新的影响因素主要基于两种思路。其一，将个体聚焦在公司高层管理者，考察其态度、主观规范及行为控制感对高层管理者绿色创新意向与行为影响。其二，考察能够控制高层管理者对绿色创新的态度、认知等预测变量。

由上述可见，将管理理论运用到绿色创新分析其原因，目前研究尚处于理论探讨阶段。但 Sarkis 等（2010）认为运用网路嵌入、委托代理等理论探究绿色创新行为的因素极为必要，具有重要的理论意义。具体来说，社会嵌入理论强调了企业的嵌入是不断变化发展的过程，企业与其他网络中的个体特征以及企业所处的网络结构都可能影响企业的行为。关系嵌入可以为企业绿色创新提供所需要的信息与资源。相比关系嵌入而言，结构嵌入则为企业的绿色创新活动提供了相应的参照目标。因而，网络嵌入可能是促使企业进行绿色创新活动的一大因素。其实，企业在进行绿色创新过程中也含有隐性的冲突。因为企业在进行绿色创新时能显著提升其环境绩效，优化企业在市场中的形象，企业经理人借此可以提升自己的个人声誉。但在另一方面，企业追求环境绩效的同时会对经济绩效产生负面影响，进而影响股东利益。因此，企业经理人有时会因为追求个人私利而做出损害股东利益的事情。

（二）绿色创新的影响因素研究

关于绿色创新的影响因素研究在不断地发展中得到了一定程度上的完善。早期的研究如 Rennings（2000）认为，外部因素对企业绿色创新的影响更为重要，如政府政策、市场规制等；随着外部因素研究的不断深化与扩展，绿色创新影响因素研究又出现了新的研究动向，近期的研究如 Horbach 等（2012）开始转向企业的内部因素研究，重点聚焦在企业的战略、企业资源及企业能力方面，探讨了企业内部因素对企业绿色创新的影响。随着研究的不断深入及扩展，学者们纷纷探索企业内部因素对企业绿色创新的影响。就现有针对绿色创新影响因素的分类来看，多数研究不够完整，层次上存在着不清之嫌。为了更加全面地解释绿色创新的影响因素，本书从制度、组织、个体三个层面来梳理绿色创新的影响因素，使整理归纳更为清晰。依照此思路，本书根据分类，归纳梳理了不同层面上绿色创新的影响因素。

1. 制度和环境层次影响

①环境规制。由于绿色创新具有正向环境溢出效应，因此规制是绿色创新的一种重要驱动因素。Porter 等（1995）认为，规制能激发企业的创新行为，进而提升企业的环境绩效，最终提升企业的经济绩效，实现环境与经济的双赢。现有研究主要将规制分为强制性工具（如排放标准、产品禁令、技术标准等）和市场工具（如排污征税、排污许可等）。在早期的研究中，主要是关注强制性工具对绿色创新的影响，而后期的研究则认为企业进行绿色创新主要来自市场工具的激励。究其原因，强制性工具为企业带来的是长期的经济绩效，而市场工具直接规定了企业应履行的环境责任（Eiadat et al.，2008）。其实，规制只是影响企业绿色创新的一个方面。而且，现有研究也表明，不同的规制会对企业绿色创新产生不同的影响（Cleff et al.，1999；Chen et al.，2012）。鉴于此，一些研究者开始研究设计不同种类的规制来影响企业的绿色创新，于是逐渐形成了规制设计学派。在规制设计学派看来，所设计规制的特征决定了是否能促进企业的绿色创新。因此，严厉性、灵活性、稳定性、可预测性、可靠性等规制一步步被学者研究挖掘。但是，得出的结论尚未达成共识，如严厉性规制能显著正向影响末端治理技术（Frondel et al.，2007）、绿色产品创新及其创新范围和程度（魏江等，2015），但对整合清洁生产技术的影响似乎并不明显。Zeng 等（2011）研究发现，政府奖励能显著促进高污染企业的污染防治水平。Horbach 等（2012）研究发现，政府补贴能促进企业绿色工艺创新和产品创新，但却降低了企业的产品回收率。

②利益相关者环保导向。利益相关者主要包括政府、消费者、供应商、竞争对手、企业所在社区、非营利组织、媒体等，它们与企业目标实现的过程与结果密切相关。企业所必须完成的一项战略任务就是处理好企业与首要利益相关者之间的关系。因此，对于想要进行绿色创新的企业来说，识别与绿色创新相关的首要利益相关者群体，并估量其对企业施加的环保压力，对研究企业在环境压力下做出战略响应十分重要。利益相关者压力对绿色创新影响的实证研究主要包含两个分支：一是具体考察来自单一或某些利益相关者群体的压力对企业绿色创新的影响；二是笼统考察与企业相关的所有利益相关者所带来的压力对企业绿色创新的影响。第一个分支包含两种不同的研究方式：一是直接考察具体某个或某几个利益相关者群体对企业绿色创新的影响。例如，有学者考察了作为利益相关者的消费者，其需求对企业绿色创新行为的影响，结果发现：若把绿色创新视作一维构念，那么，消费者需求能显著促进企业绿色创新（Weng et al.，2011；Kesidou et al.，2012）；而若把绿色创新视作多维构念，那么消费者需求对不同类型的绿色创新都会产生影响。二是把利益相关者压力作为潜变量，考察企业绿色创新中潜变量对其的影响，但结果既有正相关的（Qi et al.，2010），也有不相关的（Eiadat et al.，2008）。第二个分支是按照两种思路来进行研究分析。第一是将利益相关者按照传统意义进行分类，来探讨不同利益相关者压力对企业绿色创新的影响（Buysse et al.，2003；Luna，2008；Darnall，2010）。第二是根据环保意识强度的不同来界定利益相关者，进而考察其对企业绿色创新的影响。除了上述从环境规制和利益相关者角度对企业绿色创新影响的研究，还有一些学者考察了技术特征（相对优势、兼容性、复杂性、可观测性、适用性、新颖性等）（Weng et al.，2011；Chou et al.，2012）和任务环境特征（不确定性、丰裕性、复杂性等）等制度和环境层次的影响因素对企业绿色创新的影响。

2. 组织层次影响

组织层次的企业绿色创新影响因素主要包括企业的战略动机与行为、组织结构与程序、资源与能力、组织基本特征等。下面对相关研究进行具体述评。

①战略动机与行为。现有文献关于战略动机与行为对企业绿色创新的影响，大多集中在降低成本、提升技术水平、革新生产流程等方面的实证研究，但尚未

得到一致的结论。其一，企业为了降低成本而进行绿色创新，会对不同类型的绿色创新产生不同的影响。具体而言，有学者实证发现企业拥有低成本的动机会显著提升企业工艺和产品绿色创新的发生率（Horbach et al.，2012）。其二，企业产品出口对企业绿色创新是否有促进作用尚未达成共识。Rehfeld 等（2007）研究发现，产品出口对企业工艺与产品绿色创新影响不大。Horbach（2008）研究发现，企业所处的市场范围越大，即市场越复杂、国际化程度越高，则越有利于企业绿色创新，这是因为在越竞争激烈的市场环境中，企业为了自身的发展越会进行创新。其三，创新和研发水平高的企业相比于一般企业更容易产生绿色创新，但关于此的研究也没有形成一个统一的意见。具体而言，研发活动能促进企业绿色产品创新，但绿色工艺创新可能是促进（Horbach et al.，2012）也可能是无关的（Rehfeld et al.，2007）。Wagner（2007）研究证实了企业研发强度（用研发投入占销售收入比例来表征）能对企业申请环保专利数产生影响，但这个影响并不显著。Hammar 等（2010）研究证实了企业环保研发投入对 EOP 技术影响并不大，而对企业采用清洁生产技术具有较强的促进作用。其四，企业为了扩大市场份额与产品市场占有率而进行的绿色创新也是学者们考察的方向，但相关实证研究也因对绿色创新的不同定义而产生了不同的结论。例如，有学者研究发现企业的这种动机能促进企业的绿色产品创新，但对总体的绿色创新影响并不大。其五，提升企业形象作为企业一种主流的战略动机也会对不同类型的绿色创新产生不同的影响。具体而言，Frondeld 等（2007）研究发现，为了提升企业形象，企业在 EMS 方面的投入加大，显著增加了 EMS 的使用。

②组织结构与程序。根据先前的研究，组织结构与程序对企业绿色创新的影响研究主要集中在环境管理工具和网络结构等方面。EMS 作为一种环境管理工具，对企业的绿色创新具有重要的影响。EMS 主要包括 ISO140001 和欧盟环境管理及审计计划。一种观点认为 EMS 的实施能够促进企业的绿色创新，另一种观点却认为 EMS 与企业绿色创新毫无关系（Demirel et al.，2011）。根据现有的实证研究结果，绿色创新的不同定义使研究结果产生了不同的种类。具体而言，学者们研究发现，EMS 能促进企业进行绿色产品创新和绿色工艺创新（Rehfeld et al.，2007），而 Horbach（2008）研究发现 EMS 仅能促进企业绿色产品创新。此外，学者也发现 EMS 对 EOP 技术影响效果显著，但并没有对整合清洁生产技术产生

影响。但 Wagner（2007）研究证实了自我评价受 EMS 正向影响；而环保专利受负向影响。也有研究指出，EMS 在企业环境创新方面没有产生显著影响。除上述研究外，学者们也从其他影响方面，如生态周期、生态标签、安全与健康管理系统等环境管理工具考察了对绿色创新的关系，但结论不一致。从网络结构而言，企业的网络结构对企业绿色创新影响主要表现在企业的内部网络和企业的外部网络两个方面。在内部网络对其绿色创新而言，结论不一。研究结果表明，企业内部网络对绿色创新有相关影响（庞娟等，2019），也有研究表明两者之间存在负相关，如企业、咨询机构，也有研究表明两者之间存在不相关（靳书默等，2019）。就企业外部网络来看，外部网络的不同对企业绿色创新存在不同影响，具体看来，企业间网络显著正向影响绿色创新，而企业、媒体等公共网络对其起到负向影响。但是本地网络对企业绿色创新影响并不显著。此外，从研发网络来看，外部研发网络对企业绿色创新产生正向影响。除了上述组织结构程序外，现有实证研究也证实了组织变革、创新路径、分支机构等组织程序对绿色创新产生正向影响。

③资源与能力。绿色创新必须具备大量的资源与多元知识，针对绿色创新的影响因素，学者大多考量了员工素质、设备资源对其产生的影响。就员工素质而言，作为一名素质较高、知识储备较多的个体，无疑促进企业绿色创新，但根据现有研究整理来看，相关的研究并未得出一致结论。根据研究发现，员工个人素质，如信息传播能力对企业绿色创新产生促进作用，而也有研究发现，员工自身的学历水平高低正向促进传统创新（Horbach，2008），而负向影响绿色创新（Horbach et al.，2012）。其次，企业设备升级也会推进创新，因为设备升级提高能源利用率并降低了生产成本。在企业能力方面，已有研究证实，企业绿色核心能力（Chen，2008）、环境能力（叶红雨等，2017）、组织学习（徐国军等，2018）、知识累计（Ho et al.，2009）、企业内外部营销活动（Horbach et al.，2012）均对企业绿色创新或环保策略产生重要影响。

④组织基本特征。在前文研究中，不少研究者将企业的规模、年龄、企业性质等基本企业特征纳入对企业绿色创新影响的考量。在实证研究中，大多基于控制变量进行探讨，但也有学者认为企业的基本特征也可以将其作为直接的影响因素进行研究。就企业规模而言，当企业成熟并发展壮大，企业具备越来越多阅读

的资源的同时，企业就可以进行绿色创新，同时随着企业的知名度提高，面对的相关规制及其利益相关者压力加大，企业也有可能进行创新。此外，企业的年龄对绿色创新有着积极的影响，一方面，成立时间越长的企业越易具备知识的累积，为企业绿色创新提供重要准备；另一方面，成立时间长的企业会形成组织惰性，进而不利于企业绿色创新的开展。因而，有必要将其直接纳入探讨，得出确切的结论。最后，企业所在的行业性质可能决定了企业所面临的技术机会，同时也要承受更多的规制压力和利益相关者压力，致使企业进行绿色创新以降低因污染环境而遭受惩罚的风险。

3. 个体层次的影响因素

根据现有研究，研究者对绿色创新的影响因素研究在个体层面上探讨主要聚焦在高层管理者的环保意识、承诺与支持、行为意向等变量。

①高层管理者环保意识。从企业内部而言，高层管理者的环保意识主要包括两个方面：一般环保意识，即高层管理者对企业行为负面认知态度；环保收益意识，即高层管理者对企业环保举措增加企业经济效益，如增加企业收入、降低企业成本。从高层管理者自身而言，高层管理者作为组织的代理人，其个人特征深深影响着企业文化，其环保意识越强，就越能影响企业环保文化，以价值观驱动企业绿色创新；此外，高层管理者的环保意识越强，就越有可能出于追求利益而展开绿色创新，即价值驱动创新。总的来说，高层管理者的绿色创新决策与这两种创新紧密相关，要么出于价值观驱动创新，要么出于价值驱动创新。当然，两者在某种程度上也可能都具备。现有研究佐证了上述观点。Sharma 早期研究发现，高层管理者对环保的态度会影响到企业的相关环保战略。如果高层管理者将环境问题看作企业的发展机遇，企业也会随即做出相应的环保举措。反之，如果高层管理者将其视作威胁，企业则将做出保守的响应性策略。此外，研究也发现，高层管理者的环保意识对企业的实施管理及措施也会产生积极的影响。结合前面研究，在企业绿色创新的过程中，两种环保举措都是重要的内容。

②高层管理者的承诺与支持。作为一种强大组织政治力量，高层管理者承诺反映其信念、价值观等，高层管理者环境承诺决定了企业在环保方面承诺的力度，进而间接决定企业的环保导向与环保战略（Fineman，1997）。高层管理者的承诺

力度在一定程度上能影响甚至决定企业是否进行绿色创新。究其缘由有三点。首先，作为企业的发言人，高层管理者承诺能在一定程度上为企业绿色创新解决资源难得的问题。其次，高层管理者承诺与支持能协调各职能部门之间的合作，将环保纳入绿色创新活动中，需要不同知识的储备与融合，也可以将企业的不同职能部门调动起来而提供了通力合作的基础（Ho et al.，2009）。在高层管理者的支持与承诺下，企业一切绿色创新活动有了上级主管的推动与示范，能够确保企业内部之间不同部门的协调及企业外部的合作，企业的绿色创新活动更为顺畅。最后，高层管理者的承诺与支持有利于促使下属员工的创新并调动其积极参与营造一个和谐氛围，有助于提升整个企业的绿色创新能力（Ramus et al.，2000）。 Rio（2005）研究表明，企业采用清洁生产技术大多与企业中高层管理者承诺有关，因为高层管理者采取了这一行为。Ho 等（2009）、Weng 等（2011）实证得出结论，高层管理者对环保的支持正向影响企业的绿色创新。

③高层管理者的行为意向。在行为意向方面，现有研究基于计划行为理论研究了高层管理者的相关态度、主观规范、行为对企业进行绿色创新意愿与行为的影响。总体归纳而言，主要包括以下观点：其一，大多数学者认为，高层管理者的态度与行为会影响企业的污染治理。已有研究证实，高层管理者对企业的污染治理不支持，持有否定态度在企业中是十分普遍的（Ashford，1993）。就其阻碍企业污染治理而言，多数企业只满足于环保的规章制度（Cordano et al.，2000），而非积极采用防止处理措施。其二，已有研究认为高层管理者主观规范也会影响企业的绿色创新，但相关实证研究尚未得出结论。Cordano 等（2000）研究发现，企业高层管理者的主观规范可以增加企业污染源减少措施。还有研究发现高层管理者的控制感也会影响到企业绿色创新行为。也就是说，高层管理者认为实施绿色创新的难度越小，企业的绿色创新难度可能性越大。虽然已有探讨，但还需进一步的探讨与实证。

（三）绿色创新影响效果研究

绿色创新的影响结果研究主要包括企业绿色创新绩效、企业绩效、企业竞争优势、企业收益、绿色企业形象等。下面对相关研究进行具体的述评。

①企业绿色创新绩效。现在关于绿色创新的影响结果主要集中于企业绿色创

新绩效。从个体层面来看，基于资源基础观，潘楚林等（2017）探讨了环境领导力、绿色组织认同与企业绿色创新绩效之间的关系。研究发现，环境领导力对组织环境文化有正向影响；绿色组织认同在组织环境文化、环境领导力与绿色创新绩效之间有中介作用。利益相关者环境压力正向调节了绿色组织认同对绿色创新绩效的影响，而组织内部障碍负向调节了绿色组织认同对绿色创新绩效的影响。从企业层面来看，薛捷（2017）基于268家企业探讨了"技术—市场"双重能力对企业绿色创新绩效的影响，研究表明，企业的技术能力对绿色探索和绿色利用均有显著的正向影响，而市场能力仅对绿色利用具有显著的正向影响；绿色利用在技术能力和市场能力对于绿色创新绩效的影响中均发挥着正向的中介效应，而绿色探索仅在技术能力对绿色创新绩效的影响中发挥着正向的中介效应。此外，钟榴等（2016）以珠江三角洲95家企业为代表，探讨了社会资本下企业绿色创新绩效，研究表明，结构资本与认知资本对关系资本都具有显著的正向影响；认知资本显著影响绿色创新绩效，而结构资本不显著影响绿色创新绩效；绿色知识共享在关系资本和绿色创新绩效间具有部分中介效应。此外，研究还指出社会资本作为绿色知识交换与集成的重要渠道，以互动关系的形式促进了合作企业间绿色创新知识的共享。

②企业绩效。绿色创新对企业绩效有着重要的影响。不同的研究者基于不同研究视角，对此进行了研究。从个体层面，基于调节定向视角，王洪波等（2017）以227位CEO为研究对象，考察了CEO促进性和防御性焦点对企业绩效的影响，研究发现，绿色产品创新和绿色工艺创新都能显著提升企业的绩效。在企业层面，施建军等（2013）通过对北京市和南京市有机食品消费者的调查，实证研究了企业绩效对绿色创新的影响机制，发现绿色创新能在一定程度上提升企业的经济绩效与环境绩效。姜宇涵等（2018）以60家上市汽车制造业企业为研究对象，研究发现企业的绿色创新投入会促进企业长期的经济绩效，但对短期经济绩效影响不明显。此外，基于互补性资产视角，徐建中等（2016）基于黑龙江装备企业，研究表明绿色创新与企业绩效之间呈"U"形关系；作为绿色创新投入的互补性资产，协同柔性和非沉淀性冗余资源对绿色创新与企业绩效的关系具有显著的正向调节作用，而资源柔性具有负向影响；非沉淀性冗余资源能够强化协同柔性对绿色创新与企业绩效的正向调节作用。叶红雨和王圣浩（2017）基于重污染行业上

市企业面板数据，研究发现，环境规制能够正向促进企业绿色创新，进而促进企业的长期绩效。此外，张启尧等（2016）研究发现，绿色知识管理能力和双元绿色创新均对企业绩效有显著正向影响。

③企业竞争优势。绿色创新不仅提高企业绩效，而且能够提高企业的竞争优势。从环境规制方面来看，曹国等（2014）基于江苏省小微企业，探究了环保压力对企业的竞争优势的影响。研究发现，利益相关者通过前摄性绿色创新和反应性绿色创新进而提高企业的竞争优势。研究也揭示了不同利益相关者的环保压力对前摄性绿色创新和反应性绿色创新的影响具有显著差异性。在绿色创新方面，企业在环境规制的作用下，也能提升企业的绿色创新能力。例如，从绿色产品创新而言，朱雪春等（2014）研究发现，企业的绿色产品创新能够提高企业的绩效与企业竞争力，且高层管理者对环境的关注在绿色产品创新与组织绩效、组织竞争力关系中分别起正向调节作用。从社会责任来看，环境责任和环境伦理强的企业，在外部环境受到威胁时，能积极有效地进行绿色产品创新和绿色工艺创新，从而提升企业的竞争优势。此外，曹翠珍等（2017）以资源型企业为对象，研究发现绿色创新对企业竞争优势具有显著的正向作用，而绿色动态能力在其中起到中介作用。

④企业收益。企业的绿色创新能够增进企业收益。马媛等（2016）研究发现企业的绿色创新对企业短期收益和长期收益的增加均有促进作用，其中绿色管理创新对短期收益的影响最大，绿色产品创新对长期收益的影响最大；开发性学习和探索性学习两种学习形式的互补效果显著，双元性学习在绿色创新与企业短期收益和长期收益的获取之间都发挥了重要作用，即双元性创新受企业绿色创新的驱动，促进企业收益，这种收益不仅包括企业短期收益，而且还包括了企业长期收益。进一步研究发现，马媛等（2016）将企业收益划分为显性收益与隐性收益，以组织对内与对外能力作为调节，进一步探讨了对企业绿色创新的影响。研究发现，绿色创新对企业的显性收益和隐性收益均存在正向关系；在显性收益的获取中，企业的对内组织能力和对外组织能力均表现出部分中介效应；在隐性收益的获取中，对外组织能力表现出部分中介效应。

⑤绿色企业形象。绿色企业形象是高素质企业形象的象征（万后芬，2002）。绿色创新有助于企业形成良好的绿色企业形象。基于利益相关者视角，企业实施

绿色创新能显著提高企业的绿色产品率，使企业率先获得消费者等利益相关者的认可，从而提高市场占有率，提升企业绿色形象（Chen，2008）。基于企业战略视角，企业进行绿色创新是企业履行前瞻型环境战略的有效途径，绿色创新在前瞻型环境战略与构建企业绿色形象之间起到中介的作用（田虹，2015）。

第二章　绿色创新的经验借鉴

第一节　绿色创新的国际经验

一、美国绿色创新的经验

（一）美国绿色创新的背景

作为全球最先开展环境保护行动的国家之一，美国早在1864年就颁布《煤烟法》，随着社会的发展，新的环境问题不断出现，美国陆续制定了大量的环境保护法律法规，并不断地修订，如1948年颁布的《联邦水污染控制法》，在随后的十年间进行了五次修订；1963年颁布的《清洁空气法》，在1965～1970年进行三次修订；1965年颁布的《固体废物处置法》，在1968～1970年进行了两次修订。这些法令的颁布表明美国开始对环保工作的重视。20世纪70年代至80年代，美国对环境保护的理念发生转变，从侧重于“治”转变到侧重于“防”，即从发展减少污染源头或消除污染物排放的技术转变为发展将环境因素结合到产品设计之中的技术，随着环境污染形势的严峻，迫切需要新一代的绿色创新技术的出现（强雁，2003）。

（二）美国绿色创新的现状

1. 组织的构成

美国绿色创新技术的研究机构主要包括企业、大学和非营利性机构等。

美国的企业在绿色创新技术研究中占主导地位，对绿色创新技术的投入占全部投入经费的80%左右，企业参与绿色创新主要体现在三个方面：①直接投入技术和资金进行绿色创新技术的研发；②通过招标承担政府相关项目；③通过设立基金对相关非营利机构的项目进行支持。

美国的大学在绿色创新技术的基础研究领域具有举足轻重的作用，由于美国大学在基础研究领域所拥有的优势地位，因此，美国的企业和非营利性机构与大学之间进行了非常紧密的合作。例如，基于在高温和过热条件下，等离子体能够将原子重新组合的现象，美国麻省理工学院等离子体物理实验室打造了一款垃圾焚化炉，能够使垃圾在高温下转化成玻璃，经处理后产品能够成为基础设施建设领域的理想材料。

非营利性机构包括公益性研究机构和公益基金，公益性研究机构的研究并不以市场为导向，主要目的是实现政府对绿色创新技术的控制和协调。公益基金的主要作用体现在资助市场前景不明朗或收益不高的项目，从而推动美国绿色创新技术的市场的发展。

2. 技术的类型

美国的绿色创新技术较为成熟和全面，运用在环境保护的预防、控制和处理等全流程。具体可分为三种类型：源头预防技术、事中监测评价和控制技术、事后补救技术。

源头预防技术是指从污染产生的源头减少产生破坏环境的物质或改变对环境不利的生活习惯，从而达到环境保护的技术。最具典型的技术就是汽车制造领域的无污染排放汽车。美国汽车制造公司制造的以液氢为燃料的汽车，使用 200 块燃料电池作为氢燃料电池车的动力燃料，最终排放的是水。

事中监测评价和控制技术是指能够实时监测和评价环境状况，及时发现和评价污染程度的技术，能够在有害物破坏环境之前将其控制并转化为无害物质，主要包括对污染物处理，减少污染物的含量或流动性，以降低污染物对环境的破坏程度。例如，美国一所大学研制的化学薄膜清理技术，利用碳、硅等纤维技术材料制成薄膜，使工业烟囱排放的烟灰中含有的金属微粒聚集，达到净化废气的效果。

事后补救技术是能够将已经对环境产生一定破坏的污染物质转化为无害物质，并对受到损害的环境生态系统进行修复的技术。

3. 美国民众的绿色意识

美国民众的绿色意识较强。研究调查显示，有高达 73%的美国民众明确表示自己有较强的环保意识，是环保主义者；77%的美国民众认为影响他们购买行为的重要因素之一是生产企业的环保形象；80%的美国民众认为环境污染是最严重的社会现象。由于美国民众较强的环保意识，推动了美国企业在商品流通各个环节把“绿色”作为其生产经营的重要指标。

（三）美国绿色创新的模式

1. 运用市场机制引导绿色创新，完成政府的战略目标

为了实现绿色创新的战略目标，美国政府制定了大量较有成效的政策推动绿色创新技术的发展。如环保技术发展政策、财政补贴政策、推动市场化政策等，政策产生的合力提升了美国绿色创新技术研究机构的积极性。

2. 运用立法手段强制推动绿色创新

自 20 世纪 70 年代以来，美国国会先后通过了 26 部关于环境保护的法律，涉及水源保护、空气保护、土壤保护等方面，通过法律手段的强制约束，美国的环境保护水平得到了明显的提升。

（四）美国绿色创新的发展趋势

1. 绿色创新技术与绿色管理创新有效融合

随着其他国家在绿色创新技术方面的竞争力的大幅提升，美国在全球绿色创新技术市场上的市场占有率有所下滑，为了争夺失去的市场，保持美国在绿色创新技术领域的竞争优势，美国调整绿色创新的模式，从注重绿色创新技术转变到将绿色创新技术与绿色管理创新相融合，提升绿色创新技术的综合水平，这一点可以从美国企业对 ISO14000 环境管理体系认证的重视程度得到印证。如 IBM 公司为其分布在世界各地的主要生产工厂获得了 ISO14001 认证，使 IBM 公司成为美国企业界实施环境管理体系的标杆。

2. 强化政府和企业界之间的合作

美国政府和企业界之间构建战略合作伙伴关系，可以有效协调政府的长期利益和企业短期利益之间的矛盾，同时能够帮助企业明确未来发展的目标，使企业

在绿色创新技术市场中把握先机。

3. 促进军事技术向民用市场转换

为了促进军用技术资源的有效利用，美国政府鼓励军事技术的研究机构将军用技术转化为民用商品。如美国国家实验室通过将军用光纤、传感激光等技术合理民用化，开发出对水源污染、空气污染等环境监控技术，促进了美国绿色创新技术能力的提升（叶子青等，2002）。

二、日本绿色创新的经验

（一）日本绿色创新的背景

日本进行绿色创新的历史要追溯到19世纪末的工业化时期，在工业化初期，许多日本制造工厂和冶炼工厂直接将生产中的有害物和污染物排放到环境中，给环境造成了严重的破坏，给社会造成了严重的负面影响，日本政府采取的措施主要是协商解决。到1970年，日本的环境污染状况已经到达一个临界点，大量民众因环境污染导致各种身体疾病，引发民众的不满，促使日本政府积极面对环境污染问题，把解决环境污染等公害问题提到日程上，制定了各种公害防治法并设立国立公害研究所等研究机构。随着日本政府对公害问题的重视和资金的投入，有效地刺激了日本企业的绿色创新技术的研发。也正是在这个时期，全球电子消费品和家电商品的需求急速上升，日本抓住时机，引导企业由资源消耗型工业向技术密集型工业转型。日本企业开始向市场需求大、技术含量高、能源消耗少、环境污染少的领域。企业的转型推动了日本经济的高速发展，同时也改善了日本的自然环境，促进了日本社会与绿色产业的协调发展。

（二）日本绿色创新的现状

1. 组织的构成

日本绿色创新技术的研究机构有企业、科研机构、大学等三种类型。

日本企业对绿色创新技术的研究积极性较高，科研经费支持力度非常大，日本绿色创新技术科研经费绝大部分来自企业。而且这些企业中有许多是专业生产环保设备的中小型企业，大型企业对绿色创新技术研发的投入更倾向对现有设备的环保改造和绿色生产。

科研机构主要包括从事环保技术研发的组织，包括政府资助的科研机构和私立科研机构。

大学是指进行科学技术研究的高等院校。例如，北里大学通过研究，设计出能使生活垃圾产生氢气的设备，产生的氢气转而被作为燃料电池的原料。在日本，各大院校的绿色创新技术研究力量不可小觑，它们在很大程度上有效促进了日本在绿色创新领域的进步，成为推动日本绿色创新的重要组成部分。

2. 技术的类型

（1）终端技术，主要用于处理工业生产中产生的废弃物，降低乃至消除废弃物对环境的破坏。如在工厂废气排放的烟囱装备脱硫设备，在汽车加入废气去除装置。在这类领域中，日本的技术实力处于世界先进水平，很多国家和地区都引进日本的技术进行环境保护。

（2）循环技术，指通过对资源的循环利用以达到降低对资源的消耗，实现保护生态，提升资源利用率的目的。如日本富士公司通过循环再生技术，将商品的纸质包装和保护材料重新利用，生产其他纸质商品；对塑料零件重新加工，制成其他部件。采用循环技术可以最大效率的提升资源利用率，减少对资源的消耗，同时降低了生产的成本，给消费者提供了实惠的商品价格。

（3）清洁生产技术，该技术强调在对产品的开发和设计过程中，以环保为出发点，加入环保材料，对设备、销售以及废物管理进行统筹规划。如马自达公司设计的太阳能电池，使汽车行驶产生的污染降到最低。

（三）日本绿色创新的模式

1. 侧重绿色创新技术在竞争中的优势地位

绿色创新技术成果只有经受市场考验才能产生真正的价值，绿色创新技术上的优势转化为日本企业在市场竞争中的优势，使日本企业获得大量的市场份额，为企业带来丰厚的经济收益。

2. 强调绿色创新技术的自主创新

日本政府鼓励企业进行绿色创新技术自主创新，日本企业通常利用自身的科研力量进行绿色创新技术的研发。

（四）日本绿色创新的新趋势

1. 加速绿色产品开发

长期以来，日本都注重在技术方面的创新，包括新工艺、新设备等。近年来，也越来越期望绿色创新技术在产品的用途和运用原理方面有所创新。

2. 绿色创新技术出口比例上升

日本政府已经认识到，思想、技术和创新力才是真正的竞争力，技术出口的收益要大于直接产品出口。日本政府探索多种手段，鼓励企业绿色创新技术出口。近年来，日本绿色创新技术出口比例逐渐上升。如日本与欧盟等国际组织进行合作，实现绿色创新技术的出口。

3. 绿色技术联盟逐渐增强

企业不仅靠自身的努力，更加需要加强不同行业之间的合作。不同行业和研究机构之间的合作可以形成优势互补，最大程度上节约资源，提高资源的利用率，发挥最大效能。

4. 注重加强国际合作

经济的全球化使得生产和销售国际化，促使日本政府和企业必须加强国际合作，整合优势资源，增强日本绿色创新能力（叶子青等，2002）。

三、欧盟绿色创新的经验

（一）欧盟绿色创新的背景

自 20 世纪 70 年代以来，欧洲的工业化步伐不断加快，工业污染对环境的破坏日益严重，大量的土地、空气和水资源被污染，欧洲的社会矛盾日益加剧。为保护环境，欧洲各国相继着手制定了一系列环境保护的措施，例如，法国为了减

少 CO_2 和 SO_2 的排放制定了减排目标，德国政府实施了全球标准最高的空气净化和噪音控制标准，欧盟制定实施了首个环境行动规划（EAP）。对环境保护力度的提升促进了欧盟各国资源消耗型企业向绿色产业转型，以污染治理、节能减排、资源循环利用为主要经营活动的绿色产业逐渐出现。随着环境保护日益成为欧盟的发展主题，欧盟的绿色创新积极性日益增强。

（二）欧盟绿色创新的现状

1. 组织的构成

欧盟的绿色创新项目主要由企业、高校、研究机构和欧盟委员会联合研究中心等多个主体合作实施。

企业在绿色技术创新活动中扮演主要角色，它能按照市场的变化和政策的要求灵活地调整研究方向，保持与外部环境要求相一致。参与绿色创新的企业有三种类型：①跨国公司，跨国公司通常有着悠久的历史，实力雄厚，影响力巨大，具有深厚的研发能力和雄厚的资本实力，可以影响市场；②大型垄断型企业的环保设备部门，这类企业技术全面并且适应性强；③专业企业，这类企业拥有自身独特的专利技术和优势品牌，专业程度高，技术领先，在国际市场中具有排他性。

高校主要承接国家指定的科研项目。作为两次工业革命的发源地，欧盟高校基础学科的实力雄厚，科学研究能力很强。

研究机构是受政府资金资助的科研组织，通常与高校合作承担相关的研发任务。

欧盟委员会联合研究中心是科学和知识的服务组织，主要解决欧盟或全球共同遭遇的危机和规模宏大的科研活动。

2. 技术的类型

（1）修复治理技术，用以修复被污染破坏的河流、土地等。例如，法国研究中心研制的一款催化剂能使已经遭到造纸厂破坏的土壤恢复到之前的水平。

（2）终端污染处理技术，在水污染控制、工业烟煤等终端污染处理技术方面，欧盟有着一套成熟的技术体系，而且其技术领域正在不断的细化和创新。

（3）污染防治技术，主要指从污染源头减少和消除污染的产生。如欧盟的清洁技术，德国奔驰汽车公司通过研发电动汽车，使汽车在行驶过程中不会产生任何污染物。

（4）可持续性技术，即无污染、可循环利用、高效节省的技术。

3. 绿色创新能力

欧盟的绿色创新专利占全球绿色创新专利总量的 48.5%，欧盟先进的科学技术保证其拥有完整的环境和信息数据，高度一体化的体制使得欧盟成员之间可以共同协作，有很多发展完善的组织和部门成为政策制定和实施的坚强后盾。

（三）欧盟绿色创新的特点

欧盟绿色创新最突出的特点体现在分散式联合研发，这是依据欧盟一体化的具体情况而产生的适应其发展的有效模式，绿色创新技术和人类生存环境紧密联系，因此欧盟各国都高度重视绿色创新技术领域，不遗余力地投入资源进行绿色创新技术的研究。

1. 联合研发体系

为了推动欧洲绿色创新技术一体化的发展，提升欧盟与美国、日本的绿色创新技术的竞争优势，欧盟制定了一系列联合行动方案，构建了联合研发体系，其中被人们所熟知的是欧盟科技发展和研究框架计划与尤里卡计划。联合研发能够降低成员国研究成本，优势互补，共享研究成果，分担研究不确定性风险，促进欧盟绿色创新技术的提升。同时，欧盟成员国结合本国国情出台了一系列绿色创新项目，如德国的“十万太阳能屋顶计划”、挪威的“清洁技术发展规划”和荷兰的“国家环境政策计划”，这些项目的实施推动了欧盟绿色创新技术的发展。

2. 政府调节体系

欧盟各成员国工业发展的历史悠久，对工业给环境带来的破坏认识较为深刻，因此，在环境保护的政策及法规研究和制定方面，较其他国家和地区起步早，拥有丰富的经验。当前，欧盟最主要的共同环境政策是征收能源税，以减少 CO_2 的排放。

3. 财政和金融支持体系

在欧盟，针对绿色创新进行资助的风险基金比较缺乏，专项基金和联合基金的数量也不多，规模较大的是“欧洲风险资本协会”（EVCA），由 53 家风险资本公司投资设立，主要为从事绿色创新技术研究的欧盟企业提供资金服务。

（四）欧盟绿色创新的新趋势

1. 结构变化

废弃物防治和可持续发展技术逐渐成为欧盟绿色创新的主要方向，而且生产中的废弃物防治技术正在被可持续发展技术替代。绿色创新技术研发机构的研究重点逐渐转移到可持续发展技术，使其成为日后绿色创新技术发展的重要方向。

2. 设置绿色创新中介中心

绿色创新技术中介中心是公益性机构，主要作用是推动欧盟各国之间的绿色创新技术交流，为中小型企业积极参与欧盟技术发展搭建平台。

3. 加强不同绿色创新组织间的合作

欧盟制定相关制度鼓励研究机构和研究人员从事绿色创新活动，鼓励科研人员创办企业，支持研究机构与企业开展合作并签订独家开发协议，提高科研人员和研究机构的积极性。

4. 创新投资方式，提升资金支持力度

引导风险资本和各类基金对绿色创新的支持，鼓励长期储蓄转向投资基金，提升投资基金对绿色创新活动的服务力度，支持绿色创新企业通过股票市场筹集资本，为绿色创新提供资金保障（叶子青等，2003）。

四、绿色创新国际经验总结

通过对美国、日本和欧盟三个绿色创新的案例分析，可以发现它们为了在未来世界经济中占有一席之地，都非常重视推动自身绿色创新的发展，各主体在绿色创新的组织、技术、模式和趋势等方面都具有各自的特点。

（一）绿色创新组织

三个主体的绿色创新组织都包括企业、研究机构和大学，美国因为高度发达的金融体系及公民高度的环保意识，因此非营利性研究机构和私人基金会在绿色创新中发挥较大的作用。欧盟由于其独特的联合性，为满足成员国共同需要和规模较大的项目的需要，成立了合作组织——欧盟委员会联合研究中心，旨在加强各成员国之间的合作交流。

美国与欧盟的创新组织间的合作较为紧密，知识流动性强，但日本注重企业的内生性，依靠企业自生实力进行绿色创新。美国、日本和欧盟绿色创新组织比较如表 2-1 所示。

表 2-1 美国、日本和欧盟绿色创新组织比较

主体	共同性	差异性	合作关系
美国	企业 研究机构 大学	非营利性研究机构和私人基金	紧密
日本			强调企业内生性
欧盟		欧盟委员会联合研究中心	紧密

资料来源：根据相关文献整理所得。

（二）绿色创新技术

美国、日本和欧盟在污染防治技术方面都具有技术优势，近年来随着污染治理理念的变化，绿色技术创新由“治”向“防”转变，由末端治理向源头治理转变。日本与欧盟更加注重再生技术和可持续性技术的发展。

（三）绿色创新模式

从美国、日本和欧盟在绿色创新模式的分析中可以看出，美国侧重于顶层制度设计，政府通过制定一系列鼓励绿色创新的政策和实施计划，为绿色创新发展提供了市场，同时通过制定法律法规强力推进环境保护，迫使企业进行绿色创新。

日本侧重绿色创新的市场竞争优势，通过技术的领先来获取市场占有率，同时因不同绿色创新机构间缺乏合作，导致日本企业只能依靠自身进行绿色创新技术的研发。

欧盟由 27 个会员国组成，为了推动欧盟绿色创新的发展，欧盟从三个方面着手：首先，在一体化的前提下允许差异化，欧盟各成员国结合自身的技术优势，实施了符合本国实际的绿色创新项目，各国在绿色创新领域上都投入了大量的财力、物力和人力；其次，为了促进欧洲绿色创新一体化的发展，提升与美国、日本在绿色技术市场的竞争力，欧盟制定一系列联合行动计划，构建了联合研发模式，该模式下欧盟各成员国共担研究费用，共享研究成果，共同分担研究风险，互补稀缺资源，积极推动绿色创新一体化发展；最后，注重顶层设计，欧盟各成员国通过制定环境政策及法规，减少污染物的排放。

（四）绿色创新趋势

因为美国、日本和欧盟发展理念、技术水平和环境的不同，绿色创新呈现不同的发展趋势。

共同性。美国、日本与欧盟都强调合作的重要性，但是美国注重政府和工业界的合作，促进政府的远期目标和投资者短期目标之间的协调，帮助美国企业提升绿色创新能力。日本与欧盟强调不同绿色创新主体间的合作，且日本还注重国际合作，提升日本绿色创新水平。

差异性。美国近年来绿色创新理念有所发展，从注重绿色创新技术向绿色创新技术与绿色管理创新相融合转变。同时由于强大的国防技术能力，美国鼓励从事军事研究的机构单位研究军民两用技术，提高了资源利用率，促进了美国绿色创新的发展。

日本加快绿色创新产品开发，不仅注重在传统技术方面的创新，也日益重视在产品的功能拓展和运用原理上的创新。此外，绿色创新技术出口比重越来越高，日本政府正在积极探索用技术出口逐渐替代产品出口。

欧盟调整技术结构，重点发展污染防治和可持续发展技术，而且生产环节的污染防治技术也逐渐被可持续发展技术替代。同时，欧盟鼓励资本市场对绿色创新的支持，支持企业发行股票筹集绿色创新所需的经费。设置公益性机构绿色创新中介中心，为促进欧盟各成员国绿色创新技术交流和中小型企业参与欧盟科技发展搭建平台。美国、日本和欧盟绿色创新发展趋势比较如表 2-2 所示。

表 2-2　美国、日本和欧盟绿色创新发展趋势比较

主体	共同性		差异性
美国	加强合作	政府与企业	绿色创新技术转向绿色创新技术与绿色管理创新；利用军事技术开发军民两用技术

续表

主体	共同性		差异性
日本	加强合作	国际 同行或跨行业 不同企业	加快绿色创新产品开发；注重绿色创新技术出口
欧盟		成员国之间	注重可持续发展技术；鼓励风险资本和各种基金对绿色创新技术的投入；设立绿色创新中介中心

资料来源：根据相关文献整理所得。

第二节　绿色创新案例分析

一、国外绿色创新案例

作为经济合作与发展组织（OECD）的成员国，澳大利亚在水资源和矿产业绿色发展和政策制定实施方面的实践和经验，对贵州省绿色创新的政策制定和实践都具有一定的参考价值。

澳大利亚为达到绿色发展目标，通过顶层设计，出台了一系列的政策和法律法规，最典型的就是水资源管理领域。在20世纪90年代，澳大利亚政府委员会（COAG）出台了水资源改革框架；2007年又颁布实施水法，通过法律手段强制推动水资源管理；在2009年，又提出要建设国家水资源市场体系的蓝图。澳大利亚政府委员会采取的一系列行动对推动水资源管理起到了积极作用，主要表现在：一是通过出台法律，构建强制力的环保监督约束体系；二是明确规定环境是水资源的合法用户，根据环境诸多因素综合考量，量化维持水资源可持续发展的需求量；三是科学制定了水资源交易市场和水权交易规则。基于环境是水资源的合法用户的规定，明确了在保护生态环境前提下对水资源的需求量。如澳大利亚政府委员会依据墨累达令盆地环境因素、经济发展情况和社会可持续内在需求，确定该区域对水资源的合理需求，并制定墨累达令盆地流域的发展规划，通过对水资源的合理索取，可以保护流域周边的生态环境，使流域水每年流入大海以避免海水倒灌和侵蚀海岸，经过综合分析测算后得出墨累达令盆地每年可以从流域抽取的合理水量是1.0873×10^{13}L。澳大利亚各州政府依据本州情况，制定了各州水资源法，如新南威尔士州2000年出台的《水管理法》，实施以来，共发布了50多个水资源使用权分配方案，并每年编制《环境用水报告》，使政府管理部门和公众明确水资源管理的实际成效，使公众可以对水资源的保护进行监督。同时，《水管理法》的颁布推动了澳大利亚水资源改革的深入，促进了水权交易市场的形成。水权交易市场的主要作用表现在利用通过水资源进行生产所产生的商品的贸易活动的收益，帮助水资源共享区域降低水权交易成本，节约用水，提高水资源的利用率和单位产出率。由于水权交易市场的重要作用，澳大利亚政府多次修改完善相关法律规定，对水权供需双方提供必要的协助。水资源用户可以在保证自身发展需求的前提下，通过水权交易市场交易自身拥有的水权，提升资源的利用率，增加水资源的收益。为保证水资源的合理使用，水资源用户也可以通过一定的渠道向政府管理部门提出建议和意见。与此同时，为保证水资源法律法规方案制定的科学合理性，立法部门在制定和修订法律法规的过程中也鼓励社区及个人参与。

“矿产业可持续发展最优方法计划”作为矿区居民和矿业公司共同协商构建互惠的社企合作关系的典型案例，对澳大利亚开展采矿社会许可证管理有着重要意义。矿业公司和矿区居民通过协商，共同制定保护生态环境的条款，构建互惠互利的合作关系，在矿业公司与原住民之间寻求了利益平衡点，融洽了双方的关系。同时矿业公司还协助原居民进行复垦和环境治理工程，及时公开环境保护政策、管理制度和取得的成效，通过以上措施，矿业公司与当地社区之间树立了紧密的信任关系。如 1997 年由 WMC 资源公司、南澳州环境遗产部、阿德雷得大学和干旱地区生态恢复之友协会共同开展的“干旱地区生态恢复项目”，四个主体构建互惠的合作伙伴关系，共同创建保护区，通过竖立栅栏来阻止外来动物的侵入，促进本土物种的繁殖。目前，该项目取得非常好的成效，保护区内许多种类动物的数量高达保护区外同种类动物数量的 10 倍，保护区内植被也得到极大的恢复。该项目的实施为澳大利亚其他地区实施环境保护实践提供了值得借鉴的经验，能够使多方利益主体从可环境保护的成效中获得不错的收益。当然，在最优化计划实施条件不足时，不应以矿业开采的市场收益或法律上是否允许可以开采为前提条件允许矿业企业进行开发，而应拒绝矿业企业开展勘探的请求，这不失为是另一种最优方法的选择（甄霖等，2013）。

二、国内绿色创新案例

我国钢铁工业运用绿色创新技术实现对资源的高效利用和节能减排的目标，这个成功的案例对国内其他行业进行绿色创新实践具有一定的参考价值和借鉴意义。

钢铁工业的绿色创新是指依据循环发展的基本原则，为实现清洁生产，通过提升能源利用率和降低排放率，同时，对产生的废弃物进行回收再加工使之再资源化。因此，钢铁工业绿色创新具有高效率、低排放，低消耗等特点，通过有效的技术手段和制度设计，钢铁行业可以与其他行业进行生态链接，实现社会、经济和环境的协同发展（王海风等，2015）。

由于基础设施建设的巨大需求和投资拉动的经济增长方式，导致我国的粗钢产量持续上升。2014 年，我国粗钢产量高达 8.22 亿吨，约占全球当年粗钢产量的一半。看到巨大的成就的同时也不能忽视所付出的代价。2012 年，中国钢铁行业能耗占当年全国总能耗的 13.2%，耗费新水约 35 亿吨（张春霞等，2015）。由此可见，我国钢铁工业要实现绿色创新任务艰巨，尽管如此，众多钢铁企业依然积极采取行动对企业自身的绿色发展进行不断的探索，为其他钢铁企业的绿色创新提供了宝贵的经验。

湖南华菱湘潭钢铁有限公司（以下简称湘钢）建成于 20 世纪 60 年代，经过半个多世纪的发展，已拥有年产钢 1200 万吨的综合生产能力，拥有世界先进水平的焦化、烧结、炼铁、炼钢、轧钢等完整的钢铁生产工艺流程和配套装备。近年来，湘钢积极采取措施进行绿色创新，实现企业的转型升级，先后荣获国家和省市多项荣誉，探索出一条钢铁企业绿色创新发展的有效路径。

（一）湘钢实施绿色创新的主要措施

1. 组建领导小组，加强协同管理

湘钢成立由公司副总经理为组长，相关部门主管为副组长的领导小组，对企业绿色创新工作进行统筹安排，使不同部门之间的合作更加快捷、顺畅，提升工作效率。领导小组的建立，明确了企业绿色创新的管理思路，规范了工作流程，强化了工作的监督与动态调控，保障了企业绿色创新的有序开展。

2. 开展全面宣传工作，强化员工绿色创新意识

通过各种途径开展宣传，对绿色创新成绩突出的部门和个人进行报道，加强员工绿色创新认识，激发员工的参与积极性，让员工认识到绿色创新对企业发展的重要性，并制定制度鼓励员工为企业绿色发展建言献策。2014 年，企业共采纳 245 条员工建议，为企业年创收益近 7000 万元。

3. 以项目为核心，推进绿色创新

企业围绕项目，抽调环保部、生产部、设备部、动力厂等不同部门的技术骨干组建不同的项目组，组员接受项目组长领导，定期讨论项目研发过程中的棘手问题，对于难以攻克的技术问题交由领导小组统筹处理，建立一套从项目确立、实施、考核到创新环环相扣的项目管理制度。

4. 加强外部合作，提升企业绿色创新能力

在充分利用企业自身人才优势的基础上，加强与大专院校、科研院所合作，积极打造科技创新平台。合作机制的建立，对促进企业在节能减排、余热利用、效能提升等方面的绿色创新能力提升的作用显著，取得了有目共睹的成绩。近年来，企业通过应用生产过程中的余热余压回收技术、污水处理回收工艺和烟气净化技术等研发成果，实现企业高炉、焦炉、转炉煤气全部回收利用。2015 年，企业利用余热余压发电量达企业年用电量的 85%。

5. 明确责任考核，加强绩效管理

为保证企业绿色创新工作的有力推进，明确项目涉及的部门负责人的工作责任，并制定详细的量化考核细则，使考核做到“用能有计划，耗能有计量，统计有记录，考核有定额”的要求。同时，加强绩效管理，实行分月考核，分档管理，企业共安排 350 万元用于对设立的各类奖项、奖励的发放，对超额完成部分实行不设上限奖励，对绿色创新工作中成绩显著的部门和员工进行全公司公开奖励，责任考核和绩效管理有效提高了员工的工作积极性和创造性。

（二）湘钢实施绿色创新的具体成效

企业通过一系列的举措，提升了企业绿色创新能力，提高了企业资源利用率，降低了企业污染物的排放，提升了企业的经济效益和社会效益，实现了企业的转型升级。

1. 绿色创新成效显著，经济效益明显提升

企业通过推进绿色创新，实施产品绿色生产管理，积极应用能源替代计划，使企业经济效益明显提升，2014 年，企业利用余热余压进行的发电量将近 24 亿千瓦时，仅此一项为企业每年创造经济收益达 3.7 亿元，每年节省标准煤近 30 万吨，通过污水回收处理技术，为企业每年节约用水 5000 万吨，经过对固体废物处理利用每年为企业创造收益近 7000 万元。

2. 节能减排明显，社会效益显著提升

经过持续不断的努力，从 2010 年到 2015 年，企业生产每吨钢材的综合能耗由 613.1 千克标准煤减少到 576.07 千克标准煤；2014 年，企业万元产值能耗 1.71 吨标准煤，吨钢综合能耗 576 千克标准煤，吨钢可比能耗 546 千克标准煤，吨钢转炉煤气回收达 140 立方米，污水回收处理率将近 100%，以上能耗指标均优于国内钢铁行业平均水平。高炉煤气和焦炉煤气基本实现零排放，避免煤气放散给环境造成的破坏。

3. 组织管理更加科学，管理精细化水平提升

企业在推进绿色创新不断深入的过程中，结合高科技企业项目管理的矩阵组织结构思想，实现了多部门协同合作，提升了企业创新能力，获得了较好的经济效益和社会效益。随着企业设备管理系统、生产管理系统等一系列现代化管理手段的运用，企业大型装备的有效作业率达 95%以上。高炉及配套的烧结机停机检修周期延长至 4 个月一次，发电机组检修周期变为两年一次，为企业节省大量的维修成本。生产排产与能源调度从传统的缺乏成本意识的用能理念转变为资源定额，合理消耗的动态管理，生产精确度和管理精细化水平显著提升（谢其湘，2016）。

第三节　绿色创新案例启示

通过对国内外绿色创新的案例分析可以得出，绿色创新要达到既定的效果需要从顶层设计整体运筹。制定科学的制度和政策，并实时对政策实施进行监测，评价执行效果，根据实际情况及时调整政策，使社会经济和生态环境协同发展、共同促进，在保证劳动者绿色就业的同时提升劳动力素质，通过建立生态补偿和生态产权交易体系来维护环境保护主体的权益，从制度上鼓励环境保护各方参与制度起草、修订、执行和评估的每个环节。虽然不同的国家在发展制度、经济模式、发展水平上存在差异，在谋划绿色发展的战略目标和实现目标的具体路径等方面存在不同，但可以通过分析，总结可用的实践经验，这对贵州省绿色创新的战略制定和目标路径都具有一定的参考意义和借鉴意义。

一、设计绿色创新的制度和路径图

通过深刻理解绿色创新的本质，制定符合贵州省实际的绿色创新路径和具体方案，其中涵盖了经济发展、生态环境、社会和谐等可持续发展的关键因素，对绿色创新的战略目标进行分解，制定短期、中期、长期行动目标和约束性指标，提升计划的可操作性和可控性。决策过程应鼓励所在社区利益相关者积极地参与决策的制定过程，对决策所涉及信息公开，保证公众参与决策时能够根据完全信息做出合理得判断，提出科学的建议。在制度实施前，相关部门应通过公开渠道获得公众的信息反馈。在制度设计中还应充分考虑利益相关体中弱势群体的利益，通过制度安排使相关管理部门、利益相关者之间的利益协调一致，避免利益冲突给绿色创新战略的实施造成不利影响。

二、实施动态的绩效监督评估与考核，构建符合实际的量化考核体系

为保证绿色创新战略目标的实现，应该通过绩效考核对设计的路径在执行过程中的各个阶段和环节进行评价，对任务完成情况及时分析，对目标进行灵活调整，保证计划执行与外部环境相一致。考核指标中应明确资源环境绩效指标（即效率指标）为考核重点，并将其作为约束性指标。如考核自然资源储蓄量，采用可再生资源替代不可再生资源，提高土地、天然气、石油、煤炭、电力、水等自然资源的生产效率。同时，逐渐使用含绿色指标的考核体系替换唯 GDP 优先的考核体系。每一个发展项目的开展前都必须进行环境影响评估，每一项监测评估的

执行，都必须事前明确监测的原因、主体、对象、手段、范围和评价标准。例如，对某块区域进行开发利用，在开发的过程中可能对该区域的生态物种产生影响，则在土地开发的过程中应该考虑对物种数量和栖息地范围进行评估。同时，鼓励当地社区的利益相关者积极参与环境影响评估的各个环节，广泛听取公众的反馈，建立全面、公开的数据库，为绿色发展制度的制定和调整进行服务。

三、设计生态产权或自然资源产权交易市场化机制，选取典型区试行，构建长效生态补偿制度

重点在于对生态产权或自然资源产权进行界定，允许生态产权或自然资源产权在特定市场开展交易。如水资源保护可以制定水权分配或用水许可制度，通过水权交易市场，水权所有者和使用者可以在市场上进行水权自由交易或进行水资源所生产产品的交易。在进行土地开发利用的项目中，应考虑对受项目开发影响的生态系统和影响范围进行评估，建立生物库计划，通过设定指标综合评价土地开发项目，并依据评价结果给土地使用者提供一定的生态信用额度，生态信用额度可以通过市场进行交易。同时，政府应采用财政手段对交易主体进行补贴，保证生态产权市场的有序发展。在土地开发项目中，对直接或间接获益方征收环境保护税，或构建补偿机制，通过制度使获益方购买土地开发区的资源开发权，同时，获益方应通过投资、贷款、培训等方式对发展落后的保护区进行帮扶，实现生态保护与扶贫协调发展。

四、利益相关主体应积极参与绿色创新的全过程

鼓励利益相关主体积极参与绿色创新的事前、事中和事后各个环节。在绿色创新的事前环节，可以通过征询、座谈等方式获取公众意见，从而全面获取一项发展项目对社区环境产生的影响；在绿色创新的事中环节，应鼓励社区相关利益主体积极参与绿色创新政策的实施，对绿色创新的实施效果进行监测评估，利用当地民众的知识和经验提升项目开发主体对保护区当地民风民俗、文化传统等方面的认识；在绿色创新的事后环节，建立与社区互惠互助的和谐关系，同时还应及时向公众发布绿色创新政策、监测数据、监测评估结果等信息，提高利益相关者之间的信任程度。

五、扩大绿色就业岗位，提升劳动者素质

积极发展低能耗、低排放、环保的新能源产业，如地热能、太阳能、生物质能、风能等。针对产业的技能需求和劳动者当前的素质水平，政府应通过财政手段搭建平台，对劳动者进行相关培训，提升劳动者素质，使其达到胜任岗位的要求。同时，为提升基层政府行政管理者和广大中小企业经营者对绿色发展本质的认识，保障绿色发展的有效开展，应对其进行相应的培训，使其明确绿色发展的本质，并将绿色发展的理念落实到日常工作中。此外，应该从国家的发展战略角度提升劳动者素质，并使其制度化（甄霖等，2013）。

第三章　贵州资源型企业绿色创新的必要性分析

第一节　贵州资源概况

贵州省位处云贵高原，平均海拔 1100 米左右，地貌以山地、丘陵为主，占全省土地总面积约 94.6%。贵州省属于内陆省份，在地理区位上处于弱势，因此，贵州省的绝大部分发展指标要落后于其他省份。但是贵州省资源优势明显，蕴藏丰富的矿产资源，每年输出大量的矿产资源为我国的经济发展提供强大的资源和能源保障。

贵州省资源丰富，蕴藏着煤、天然气等石化资源，以及锰、磷等矿产资源，具有分布范围广、种类齐全等特征。据统计，贵州省探明储量的各类矿产资源中位居全国前十位的达到 51 种，尤其是煤炭、锰、汞、磷、碘、重晶石、稀土、铝土及多种用途的石灰岩、白云岩、砂岩等矿产最具竞争优势。如表 3-1 所示，截至 2017 年，贵州省的煤炭资源储量达到 733.58 亿吨，在全国排名第五，是我国南方最主要的煤炭生产基地，被盛赞为“西南煤海”；磷矿资源储量达到 42.51 亿吨，在全国排名第三位，拥有全国最大的磷矿石及磷化工生产基地；铝土矿资源具有储量集中和品质优的特点，已探明储量为 10.24 亿吨，排名全国第四位；汞矿资源储量为 3.05 万吨，重晶石储存量为 11 830.42 万吨，两种资源储量均在全国排名第一位；重要的战略资源稀土矿的储量也非常丰富，为 85.89 万吨，位居全国第三位。此外，贵州省还蕴藏着丰富的天然气资源，截至 2016 年，已探明的天然气储量达 6.1 亿米^3。

矿产资源开发作为贵州省工业化和城市化的发展主线，由于矿产资源的不可再生性，长期过度开采，使贵州省矿产资源出现危机。因此，发展持续性产业，促进资源型产业的升级换代，调整经济结构，具有极其重要的发展意义。针对贵州省资源型企业发展状况，目前国内鲜有相关专门统计资料。为了进一步了解贵州省资源型企业在整个宏观经济体系中发展状况，本书选择性地参照贵州统计年鉴和国家统计局数据，对贵州省相关矿产资源状况归纳与整理，如表 3-1 所示。

表 3-1　贵州省主要矿产资源储量

项目	单位	2013 年	2014 年	2015 年	2016 年	2017 年
煤炭	亿吨	542.28	573.54	653.99	713.51	733.58
重晶石	万吨	9 210.94	9 117.29	11 177.29	11 864.65	11 830.42
磷	亿吨	34.12	33.58	37.68	43.46	42.51
稀土	万吨	86.01	86.01	—	88.47	85.89
锰	万吨	20 003.40	36 553.14	38 849.17	49 616.97	75 825.09
钒	万吨	415.89	475.06	495.46	518.39	581.25
铝土	亿吨	7.40	7.60	8.37	9.50	10.24
汞	万吨	3.03	3.03	3.03	3.05	3.05
锑	万吨	30.57	34.26	32.30	32.17	34.39
金	吨	281.36	286.57	344.49	485.73	487.97
天然气	亿米^3	6.39	6.31	6.10	6.10	—

资料来源：根据 2014～2018 年《贵州统计年鉴》和国家统计局数据整理。

贵州省丰富的资源储量刺激了资源型企业的发展。根据 2017 年对《贵州统计年鉴》的整理，可以分析贵州资源型企业的发展现状，如表 3-2 所示。

表 3-2　2017 年贵州资源型企业的相关数据　　（单位：亿元）

	企业数量/个	工业产值	资产合计	主营业务收入	利润总额
采矿业	179	643.67	1 691.09	682.93	45.23
煤炭开采和洗选业	165	613.57	1 627.68	653.68	40.94
黑色金属矿采选业	6	14.87	7.50	14.92	0.25
有色金属矿采选业	1	1.60	1.89	1.60	0.11
非金属矿采选业	7	13.63	54.02	12.73	3.93
石油加工、炼焦和核燃料加工业	4	58.07	76.53	56.11	1.89
化学原料和化学制品制造业	29	425.79	1 101.03	695.65	–0.49
黑色金属冶炼和压延加工业	13	206.65	320.40	203.30	0.03
有色金属冶炼和压延加工业	19	312.04	430.98	291.48	21.08
金属制品业	12	48.00	82.75	50.30	1.36
电力、热力的生产和供应业	25	895.79	2 160.64	844.14	–30.41
燃气生产和供应业	1	8.32	54.86	13.92	0.56
水的生产和供应业	8	15.52	168.01	13.68	2.45
资源型企业合计	503	4 177.15	10 160.89	4 406.18	59.53
工业企业合计	577	5 351.29	10 385.53	5 464.59	583.16
资源型企业占工业企业比例/%	87	78.06	97.84	80.63	10.21

资料来源：根据 2017 年《贵州统计年鉴》数据整理。

从表 3-2 可以得出，贵州资源型企业的数量占贵州工业企业数量的 87%，贵州资源型企业总工业产值占贵州工业企业的 78.08%，贵州资源型企业主营业务收入占贵州工业企业的 80.63%，由此可见，贵州资源型企业在推动贵州经济和社会发展中具有极其重要的地位。

虽然贵州地区拥有丰富的矿产资源，但是由于贵州省属于欠发达和欠开发地区，长期以来经济水平相对落后。在近几年发展过程中，由于强调追求经济目标，以及受限于技术水平不高、环保意识较弱和产业组织模式不合理等因素的制约，造成了资源利用率不高、生态环境恶化等问题，如表 3-3 所示。这些问题在一定程度上给贵州经济和社会的发展带来了消极影响。

表 3-3　贵州省污染物排放及污染治理

项目	单位	2013 年	2014 年	2015 年	2016 年	2017 年
废水排放量	亿吨	9.31	11.09	11.28	10.07	11.80
二氧化硫排放量	万吨	98.64	92.85	85.30	64.71	68.75
工业固体废物处置量	万吨	2 275.6	1 382.22	1 897.21	2 043.83	2 747.32
工业固体废物综合利用率	%	50.50	56.90	59.80	58.10	54.70
烟（粉）尘排放量	万吨	26.45	37.79	28.68	20.43	19.68
烟（粉）尘去除率	%	99.30	99.30	99.19	99.55	99.94

资料来源：根据 2014～2018 年《贵州统计年鉴》数据整理。

从表 3-3 可以看出，贵州省废水排放量呈增加趋势，2013 年贵州省废水排放量为 9.13 亿吨，次年有大幅度增长，为 11.09 亿吨，2015 年小幅上升，2016 年排放量又大幅度下降，但 2017 年有所上升，增加到 11.80 亿吨；二氧化硫排放量从 2013 年的 98.64 万吨减少为 2016 年的 64.71 万吨，2017 年又有小幅度增加，为 68.75 万吨；工业固体废物处置量总体上呈上升趋势，2013 年达到 2275.6 万吨，2014 年大幅度下降，下降幅度达 39.26%，但随后三年逐年上升，截至 2017 年，贵州省工业固体废物处置量达到 2 747.32 万吨；在工业固体废物综合利用率指标中，2013～2015 年逐年上升，但从 2016 年开始又逐年下降，应引起重视；在烟（粉）尘排放量上，除 2014 年有所上升外，总体上呈下降趋势；烟（粉）尘去除率也逐年上升。

第二节　贵州资源型企业绿色创新存在问题

一、绿色创新意识不强

贵州资源型企业主要由国有企业和中小企业构成。国有企业的考核激励机制和员工的自身认识等原因使得企业员工创新意识不强，创新积极性不高。同时，分布在贵州各地的大量中小资源型企业因为产品同质化等原因导致市场竞争压力大，过分强调眼前的短期利益，且企业规模较小，资金较为薄弱，缺乏足够的资金，因此绿色创新意识不强，对绿色创新投入较少。

另外，除企业外，作为供应链终端环节的消费者也缺乏对绿色消费的深刻认识，消费者绿色消费的意识不足对企业绿色创新意识的提升起到负面效应。为推进绿色发展，绿色创新体系的构建需要以市场为导向，围绕客户需求进行创新，要真正让市场需求“说话”。市场和消费者需求可以推动企业绿色创新，但当前我国绿色消费市场还未成熟，广大消费者对绿色消费的内涵理解模糊，绿色消费市场仍然不被消费者重视和接受，主要表现在：第一，绿色产品对技术创新要求较高，以及绿色产品环保特性导致绿色产品的生产成本较普通商品高，当前贵州省人均可支配收入比较低，绿色消费的水平处于低位，影响了企业绿色创新的积极性；第二，贵州省消费者绿色消费意识不足，影响大部分消费者的购买决策首先是价格因素，其次才是商品质量，消费者很少关注商品使用过程及生产过程中对生态环境带来的污染；第三，我国尚未成立专门的绿色管理部门，绿色商品市场竞争机制不完善，绿色产品市场也尚未建立一套完善、规范的管理体系（孙明强，2014）。

二、制度不健全

当前，贵州资源型企业大部分属于国有企业，国有企业的典型特征就是产权属于国家，政府管理部门对国有企业进行资源配置，统筹安排管理范围内所属企业经营行为。虽然不同类型的资源型企业都有其自身的特征，但在市场运行体制下，市场在资源配置中起着关键作用。同时，在市场运行体制下，要求经营主体拥有明晰的产权制度，而这与国有企业按计划进行资源配置的方式产生一定的不协调，造成企业资源分配的不合理，使企业的生产效率得不到充分发挥，压缩了企业继续上升的空间和降低了企业经营的效率，不利于资源型企业自身的有序发展。作为国有属性的资源型企业，一方面要实现企业自身的收益目标；另一方面需要承担一定的社会职责，如设立医院、学校等附属机构服务企业职工，分散了企业开展经济活动的精力，降低了企业的经济效益。

资源型企业承担税赋较高。首先，国有资源型企业在经营中产生的经济收益有一部分要上缴各种税费，由政府通过财政和税收手段进行统一分配，这会导致企业存在资金紧缺的时间差，在某一时间段对各企业造成资金压力。其次，国有资源型企业在软件和硬件方面比较落后。由于国有资源型企业所有权与经营权不明晰，在企业管理制度、生产装备和工艺方面的发展比较滞后，同时比较紧缺懂技术、会管理的人才，导致企业的管理结构混乱、职能错位、责任不清。再次，产品结构简单，低端供给问题严重，发展过于粗放。最后，法律和法规的不完善也给资源型企业发展造成了一定的影响。资源型企业在原材料的开采、生产和销售过程中，污染物排放的标准和环境生态保护等方面的法律法规都尚未完善，有些方面还没有法律法规的约束，存在空白，导致资源型企业在发展过程中对环境保护责任得不到法律强制性制衡。

三、缺乏创新能力

资源型企业的创新能力主要涉及两个方面。一方面是资源型企业对现代企业制度和先进企业管理理念认识不足，急需提升企业的企业制度和企业管理的创新能力。由于贵州省处于西南腹地，社会和经济发展与东部地区存在一定差距，懂经营、会管理的人才紧缺，使企业在经营管理制度方面创新能力不足。同时，资源型企业的设立受资源分布等客观因素的影响，很多资源型企业都处于较偏远地区，接受新技术和新知识较为滞后，受外部环境的制约，对管理制度的创新意识不足。另一方面是企业的科技创新能力不足。当前贵州省有相当一部分资源型企业主要以低端供给为主，发展粗放，产品附加值不高，企业的生产工艺水平和设施设备都比较落后，急需改造升级，但因企业缺乏资金和技术支持，使企业科技创新能力不足，制约了资源型企业转型发展。综上所述，科技创新能力不高主要体现在：一是工艺技术、设施设备的发展滞后；二是政策支持、资金、人才等因素匮乏；三是技术创新管理机制有待完善，缺乏鼓励技术创新的激励机制（董晓茜，2015）。

四、创新保障不足

许多资源型企业都面临资金不足的问题，创新项目融资困难，企业实施绿色创新需要面临风险和巨大的成本，政策支持与保障体系不完善使企业绿色创新承受巨大压力，绿色创新意愿下降。另外，许多资源型企业仍面临拥有自主知识产权的先进技术很少、产业集中度低、资源综合利用水平低、产品附加值低、竞争力弱、科技人才匮乏的问题。绿色创新发展一般以系统化的技术创新和生产设备的一系列升级改造为支撑，这意味着企业需要投入大量资金。近年来，政府对环境治理投入力度不断加大，但总体上还是处在较低水平的绿色投资，不能满足实际需要。在政策法规、环境监管和环保投资等的引导和带动下，环保产业保持快速发展态势，但其导向仍然停滞在减少传统产业污染存量、解决资源浪费及处理污染严重问题等初级阶段面临的降低污染增量的问题上，对发展从根本上解决环境污染问题的新兴产业，对绿色新型产业及绿色创新的投入与培育仍显不足，缺少对可再生资源开发方面的集中投资。此外，我国绿色发展所需要的资金来源仍然以银行信贷资金为主，缺乏绿色企业和绿色项目发展所需要的长期、权益类资金。绿色产业属于新兴领域，还处在起点的环节，规模不大，缺乏完善的多元化绿色金融服务体系，推动绿色发展的各项金融功能尚不能充分发挥，融资供给远远不能满足实际需要，难以适应未来产业绿色转型发展的需要（王辉等，2018）。技术创新从研发到规模化应用，离不开资金的助力，需要强有力的政策保障。需要重新构建的体系，更需要政策强有力的推动，通过政策、标准、法规推动绿色需求的释放。受制于产业环境不够成熟，政策瓶颈难以打通，财力匮乏等因素，贵州省在绿色发展配套产业和服务体系方面发展滞后，节能环保产业和服务体系无法满足产业绿色转型升级需要。大部分资源型产业的绿色投资和技术创新不足，资源型企业产业集中度低，资源再利用率较低，附加值低，二次污染问题严重。

第三节　贵州资源型企业绿色创新必要性分析

发展绿色经济，实施绿色创新，是破解我国资源环境约束，加快经济发展方式转变，提高国际竞争力，应对气候变化的必然要求。绿色创新是生态文明建设的必然要求，是贵州经济转型升级的动力，是产业结构升级的关键，是构建贵州和谐社会的必由之路。虽然近年来在政策的引导带动下，贵州主要污染物排放量持续下降，但资源能耗和主要污染物排放量仍然很大，资源型企业的生存发展面临严峻考验，其发展依然没有完全摆脱高投入、高能耗、高排放的粗放模式，资源能源约束和生态环境压力日益突出。贵州资源型企业产业结构相对单一，以资源为主导的产业结构对资源依赖特别严重，产业处于产业链的前端，产品单一，产品附加值低，导致企业位于价值链低端，企业整体大而不强，企业治理结构不合理，产业结构单一，主导产业缺乏竞争力，创新能力不强，环保意识不足，污染严重，这些问题都使贵州省资源型企业更迫切完成从技术创新向绿色创新的转型，只有这样才能实现既要“金山银山”，又要“绿水青山”的目标。

一、生态文明建设的必然要求

十八届五中全会提出：坚持绿色发展，必须坚持节约资源和保护环境的基本国策，坚持可持续发展，坚定走生产发展、生活富裕、生态良好的文明发展道路，加快建设资源节约型、环境友好型社会，形成人与自然和谐发展现代化建设新格局，推进美丽中国建设，为全球生态安全作出新贡献。促进人与自然和谐共生，构建科学合理的城市化格局、农业发展格局、生态安全格局、自然岸线格局，推动建立绿色低碳循环发展产业体系。未来社会的发展趋势是绿色，理解绿色，接受绿色，追求绿色将成为未来社会中所有成员的共识。

依靠对自然界的索取，人类社会获得了巨大的发展，但与此同时也使得生态环境遭受了巨大的破坏，自然资源供应减少、江河断流、温室效应、林草植被退化、空气水源污染、沙尘暴频发、生物多样性受到威胁、污染等环境问题已经成为影响我国社会高质量发展的首要问题。我们应该对经济发展过程中生态环境破坏所带来的一系列生态问题进行反思，对传统的依赖粗放经济追求经济增长的发展模式，牺牲长期利益，追求短期享受的传统的消费理念，以及资源开发利用的方式等方面，寻找既保证社会经济发展，又维护自然环境可持续发展的绿色发展模式。

对于依靠资源为生产要素的资源型企业，通过开采和加工资源来保证企业的经营发展，但发展的同时也给生态环境造成了一定的破坏。传统的资源型行业具有高消耗、高污染、高排放的特点，严重破坏生态环境的平衡。如煤炭产业在挖掘、加工和运输三个环节都会对生态环境造成破坏：在挖掘环节会破坏当地所覆盖的植物群落，破坏地质结构形成塌陷，破坏蓄水层污染水资源，对当地居民的生产生活产生不利影响，另外在开采过程中形成的烟尘和煤尘会给工人的身体造成一定伤害；在加工环节，煤炭电力和煤炭深加工等都会产生大量的固体废弃物，排放大量的废水和废气，废气中含有大量 SO_2，未经处理的 SO_2 将给农业生产和人民生活造成严重的负面影响，导致呼吸道等器官疾病的患病率提升，威胁居民人身安全；在运输环节，因贵州省是煤炭净调出省，主要销往周边省份，在运输过程中运输污染也会给生态环境造成一定破坏。

近年来，贵州省资源型企业的发展取得了长足的进步，有力促进了贵州省社会和经济的发展，但是也不应该忽视发展背后存在的问题。因贵州省长期经济发展滞后使得企业的环保意识淡薄，特别是资源型企业对环境的污染尤为严重。首先，企业片面追求经济效益，忽视生态效益，为了减少企业成本，很多污染物直接排放到周边环境；其次，企业技术水平有限，生产过程中资源利用率不高，废弃物处理率低；最后，部分企业对资源利用程度不高，存在采富弃贫现象，缺乏对资源的保护和开发利用，造成资源的浪费。

贵州经济的跨越式发展要依靠资源型企业的发展推动，贵州地区的生态文明建设要求资源型企业进行绿色创新，绿色创新发展是资源型企业可持续发展的内在要求，也是推动贵州经济可持续发展的重要前提。随着贵州省社会和经济的不断发展，社会的环保意识不断增强，资源型企业的传统发展模式将难以为继，必须进行绿色创新，使企业获得可持续发展。因此，贵州的资源型企业必须走绿色创新发展之路。

二、资源型企业转型升级的关键

随着不可再生资源的日益消耗和生态环境保护力度逐渐加大，越来越多的传统型资源型企业都存在不可持续发展的威胁，许多资源型企业面临经营危机，企业必须转变传统的发展模式，实现可持续发展。

随着社会环保意识的增强和法律法规的完善，企业绿色创新成为实现企业可持续发展的重要手段，资源型企业应从战略高度对企业的发展模式进行规划和调整，加大绿色技术的研发和绿色产品的开发，实现资源型企业的成功转型。

贵州资源型企业对贵州省的社会和经济发展作出重大贡献。十八大以来，党中央大力推进生态文明建设，在生态环境保护领域进行了一系列改革创新，环保力度显著增强，使资源型企业的发展面临巨大的挑战。

贵州资源型企业主要以资源开采、初级加工和经营某种资源为主，经营方式简单粗放，技术水平低，产品链短，开采的资源无法进一步深加工成具有高附加值的产品，使得贵州主要以输出原材料和初级产品为主。因为经营方式较为粗放，对资源经过多年高强度的开采，资源逐渐枯竭，使资源型企业的发展遭遇了挑战。资源消耗、资源开发浪费严重，导致资源型企业经营成本增加，利润下降，在市场中的竞争力下降，加上人才匮乏，创新能力不足，部分资源型企业生产经营遭遇严重危机。要实现资源型企业的长远发展，绿色创新发展是资源型企业的必由之路。资源型企业绿色创新发展，有助于资源型企业在转型发展的过程中明确企业存在的问题，通过绿色创新解决企业存在的问题，使企业获得新生的动力和发展模式，提升企业的核心竞争力。

三、构建贵州和谐社会的必由之路

社会和谐是中国特色社会主义的本质属性，是人类社会的追求的理想社会状态。绿色创新最终要实现以人为本，实现人与自然和谐相处，倡导环境保护、循环利用、节能低碳的发展方式，是化解经济发展所带来一系列问题和矛盾的重要手段。

2016 年 8 月，中央将贵州省列为首批三个生态文明试验区之一，使贵州生态文明建设上升到国家层面，贵州省对推动绿色发展、建设生态文明做出了全面部署，必将促进贵州发展的绿色转型，推动贵州社会的和谐发展。

资源型企业作为高度依赖自然资源进行生产经营的企业，在资源逐渐枯竭和生态环境不断恶化的背景下，人与自然的关系越来越难以调和。当前以建立可持续的生产方式、产业结构、发展方式和消费模式为理念的贵州生态文明试验区建设过程中，资源型企业应当消除传统发展模式带来的负面生态影响，解决自然资源对资源型企业的约束作用，以及资源型企业生产经营过程中对生态环境带来的破坏，通过企业的绿色创新，坚持绿色发展，实现企业的转型升级和可持续发展，推动贵州社会的和谐发展（董晓茜，2015）。

第四章　资源型企业绿色创新的影响因素

第一节　子研究一：组织外部因素与绿色创新的关系

一、理论基础

利益相关者起初被学者定义为企业经营活动中获得盈利或遭受亏损的个体，之后为反对传统公司治理理论体系中“股东至上”的思想，利益相关者理论增加了许多新的内涵，学者们逐渐开始考虑诸如债权人、员工、客户、供应商、社团等群体利益，研究对象的范围开始从“以股东为中心”转化到“关注其他利益主体”，于是“没有这些群体的支持企业将无法生存”成为了利益相关者的定义，它使人们认识到企业运作的目的并非仅仅为了股东，还需要考虑其他利益相关者主体的观点和想法，该定义进一步强调了利益相关者的支持对组织运作的重要性（Freeman et al.，1983）。之后有学者认为利益相关者是指“任何影响企业目标实现或在企业目标实现过程受到影响的个人或群体”，强调企业管理者必须平衡众多利益相关者之间的利益诉求，此定义的提出标志着利益相关者理论初步形成（Ansoff，1987），该理论创造性地将当地社区、政府部门、环境保护主义者、媒体等实体纳入利益相关者的研究范畴。但也有学者指出这是一个过于宽泛从而使得企业管理者无以应对和锁定目标的概念（Phillips et al.，2003），并认为利益相关者的范围需要缩小。因为企业所拥有的资源和精力有限且来之不易，所以焦点企业的管理者应该将其投入到优先次序较高的利益相关者身上（Mitchell et al.，1997）。而对于将利益相关者进行合理区分的方法，学者提出通过对三种利益相关者属性进行评分从而确定利益相关者的范围，即对影响项目的权力性，是否被赋予法律或道义上的对于企业的索取权，以及利益相关者的要求能否立即引起企业管理层的关注三个方面进行评价，该方法以定量研究的方式帮助研究者进行利益相关者评分与界定，具有一定的影响力，进一步丰富企业管理领域的相关研究（Mitchell et al.，1997）。

二、研究假设和模型构建

环境管理逐渐成为战略管理领域的热门话题，其核心议题是企业如何应对环境挑战。企业绿色创新在促进企业经济效益的同时，为环境治理提供有效的应对方式，这种双重外部性为企业带来了新的商业价值，受到学者们的广泛关注。因此推动绿色创新成为企业管理领域中的重要议题，从外部环境角度，绿色创新的影响因素主要是来自外部利益相关者的压力（包括规制压力、规范压力、模仿压力等）。企业利益相关者的压力与政府、顾客及竞争者等联系密切，利益相关者主体不同，企业受到的压力也不尽相同。为了进一步揭示在利益相关者环保导向对企业绿色创新的作用机制，本书将探讨政府、客户、竞争者环保导向与绿色创新之间的关系，模型如图 4-1 所示。

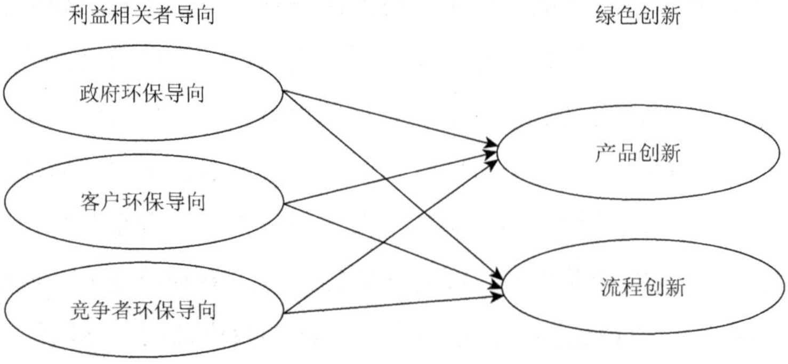

图 4-1　利益相关者导向与绿色创新的关系

（一）政府环保导向与企业绿色创新

从政府环保导向来看，作为执政的主体与政策引领者，政府将环保问题纳入评价企业合法性与企业美誉的关键指标，企业通过做出积极的环保响应，来维持日常经营的合法性与常规性（Berrone et al.，2013；彭雪蓉等，2015）。

第一，作为“执法者”和“监督者”，政府对企业产生规制压力，迫使企业进行绿色创新（王锋正等，2018；徐建中等，2017）。近年来，政府对环保问题非常重视，出台较多政策和法规以约束企业的污染行为（Dimaggio et al.，1983）。在2018年，政府出台了《环境保护税法》《水污染防治法》《生态环境损害赔偿制度改革方案》《建设用地土壤环境调查评估技术指南》等法规，对企业的环境污染行为进行处罚和限制。为了维持自身合法性，适应法律法规，企业会降低生产中的资源消耗，减少危害环境的行动，实现绿色创新（徐建中等，2017）。在环境保护中，政府还扮演着“监督者”的角色，在环境污染问题日益严重的今天，政府加大了在环境污染治理方面的监督力度，在市场上形成重视环保的氛围（Rennings et al.，2011）。在政府的大力监督下，企业环保违规的处罚逐年增加。2018年，重庆一家企业因为安埋暗管偷排废水，被罚款近2000万元。企业为了避免违规的处罚，会降低污染排放，实现绿色流程创新。现有研究表明，为了满足对政府规制需求，企业会使用控制排放技术（王锋正等，2015）。而且对于进行绿色创新的企业来说，进行绿色创新会让政府对企业是否进行环保的问题的关注度降低，缓解紧张态势，有益于企业与政府建立较为和谐的关系，形成绿色创新的良性循环。

第二，政府的环保导向越强，企业进行绿色创新的难度越低（彭雪蓉和魏江，2015）。企业任何一种形式的创新都需要资源，政府是企业重要的资源渠道之一，具有较强环保导向的政府倾向于给进行绿色创新的企业提供大量的资源，如适当的优惠政策、更多的资金支持、合适的创新培训，这些均将促进企业环保事业的发展（Zhang，2015；Hansen，1999）。其中，适当的优惠政策能为企业提供一个较为合适的创新环境，降低绿色创新的不确定性，促进企业的绿色创新行为（彭雪蓉等，2015）；来自政府的资金投入可以降低企业进行绿色产品创新的成本，因为任何一种形式的创新都需要耗费大量的资源，政府导向越高，环保投入也就越大，对企业的扶持力度也越大，如在相关的绿色创新项目及土地批示等方面给予一定的支持；来自政府的创新培训可以帮助企业增加绿色创新的能力和技巧，向企业提供技术学习等多方位的平台及知识，降低绿色创新的风险，从而促进企业绿色流程创新。

鉴于此，提出如下假设：

H1a，政府环保导向正向促进企业的绿色产品创新；

H1b，政府环保导向正向促进企业的绿色流程创新。

（二）客户环保导向与企业绿色创新

客户环保导向是指客户重视环保问题，并将环保绩效作为评价企业是否具有合法性与合规性的重要指标（徐建中等，2016）。规范性压力主要基于“供应商-企业-客户”实现，客户作为产品的需求方，相比供应商而言，在利益相关者中更为重要。本书认为，企业的绿色创新可能会受客户环保导向的驱动（Li et al.，2013；彭雪蓉等，2015）。

第一，客户的环保导向越高，越希望购买绿色产品（Suchman，1995）。市场中同类产品众多，环保导向性较高的客户无法对每一款产品的环保性进行测量和检验，所以倾向于先识别环保型企业，再考察该企业生产的产品是否符合要求。资源型企业为了满足顾客需求，建立环保型企业的声誉，会积极进行原材料、生产流程、产品包装等方面的绿色创新，以此获得相应的专利、资格认证、政府认定、行业声誉等，从而促进企业绿色创新。

第二，客户环保导向越高，越倾向于购买积极进行绿色创新企业的产品。客户会期望产品的生产原材料无污染、生产流程资源消耗少、产品包装更加绿色环保、产品本身不会对环境产生危害等，为了满足客户期望，企业会进行各种绿色创新满足上述产品的绿色升级需求，如开发更节能的机器等。如果客户对企业的环保诉求没有得到满足，可能会对产品和企业产生不满，最终放弃购买该产品或传播不利于产品销售的信息（Chang，2011）。因此企业为避免此类事情的发生，将进行产品创新和生产过程的创新，革新工艺与制造流程，降低产品耗能，通过产品设计等降低客户成本（Cheng et al.，2012）。

第三，客户环保导向越高，进行绿色创新的企业越容易获取来自外界的资金、技术、人才方面的支撑（彭雪蓉等，2015）。任何形式的创新都需要获取资源，客户是企业最具有挖掘潜力的资源（Johnsen et al.，2006）。一方面，具有较高环保意识的客户相较一般客户更能够接受价格高于行业平均水平的产品，愿意为“绿色创新”买单；另一方面，具有环保意识的客户更愿意参与企业的绿色创新活动，因为他们认为自身的行为在为改善环境做贡献。通过与客户在绿色创新方面的积极合作，可以提高客户对企业和产品的认同，提高企业进行绿色创新的成功率。

此外，通过频繁的互动，企业会更加了解客户的绿色偏好，从而降低产品绿色创新或生产过程绿色创新的不确定性（Kim，2013）。

鉴于此，提出如下假设：

H2a，客户环保导向正向促进企业的绿色产品创新；

H2b，客户环保导向正向促进企业的绿色流程创新。

（三）竞争者环保导向与企业绿色创新

竞争者环保导向是指企业竞争对手较为关注环保问题，将环保绩效作为评价同行合法性的关键指标（彭雪蓉等，2015）。竞争者环保导向可能会使企业感知到竞争对手的环境管理活动而形成模仿性压力（Galaskiewicz et al.，1989），从而推动企业的绿色产品创新和绿色流程创新。

第一，竞争者环保导向会给企业带来实用合法性压力，实用合法性指客户希望企业提供的产品或原材料能带来实质性的收益（彭雪蓉等，2015）。一方面绿色产品的资源消耗少且具有更低的制造成本；另一方面绿色产品注重生产过程中的节能降耗，具有更低的原材料成本，这也在某种程度上使消费者在购买绿色产品时感知到更大的优惠和更高的性价比。因此，不进行绿色创新的企业可能面临消费者流失的风险。为了提高市场竞争力，获得更多客户的青睐，焦点企业会模仿竞争者的绿色创新行为（Hofer et al.，2012）。

第二，竞争者导向会产生道德合法性的压力，道德合法性是指企业获得来自政府、客户等方面的支持。具体来说，竞争者绿色流程创新和绿色产品创新水平越高，企业得到的环保认证和资质鉴定越多，在竞争活动中获得注重环保责任的客户的青睐就越多。这些资源和支持将使焦点企业通过模仿竞争对手进行绿色创新来维持和提升道德合法性（彭雪蓉等，2015）。

第三，在竞争对手绿色创新行为的影响下，焦点企业可能参照性地将其作为学习对象，发挥后发者优势，进一步降低其在绿色创新的风险与不确定性。焦点企业通过观摩与效仿，避免重蹈覆辙，降低企业绿色创新的难度（徐建中等，2017）。

鉴于此，提出如下假设：

H3a，竞争者环保导向正向促进企业的绿色产品创新；

H3b，竞争者环保导向正向促进企业的绿色流程创新。

三、实证检验

（一）样本选择

本书采用问卷调查的方式，调查对象是贵州省各地区资源型企业，地区覆盖贵州全境，包括贵阳市、遵义市、安顺市、六盘水市、铜仁市、毕节市、黔东南苗族侗族自治州（以下简称黔东南州）、黔南布依族苗族自治州（以下简称黔南州）、黔西南布依族苗族自治州（以下简称黔西南州）9 市（州），调查企业所在行业包括有色金属、天然气、电力、煤炭、化工等。本书在目标企业的选择上，以污染程度较为严重进而可能实施绿色创新的资源型企业为对象，为了保证样本的代表性，通过在多个市（州）收集数据以避免样本的单一地区来源。本书调查的企业管理人员包括基层、中层及高层管理者，向其发放回收结构化调查问卷。

（二）数据收集

1. 问卷设计

为提高问卷调查的合理性，以及降低同源误差和共同方法偏差，本书将本次调查问卷分为两份，问卷一包含政府环保导向、顾客环保导向和竞争者环保导向；问卷二包含绿色产品创新和绿色流程创新。问卷二的发放时间在问卷一填写完毕两个星期后。本书所使用的量表均来自国外已有研究的成熟量表，并根据中国情境对题目进行了适当调整和修改。

绿色创新。绿色创新的测量来自 Chang（2011）的研究，该量表共包含 6 个题目，其中绿色产品创新和绿色工艺创新分别由 3 个题目构成，包括“公司选择产生最少污染的产品的材料进行产品开发或设计”等。

利益相关者环保导向。利益相关者环保导向的测量来自 Tang 等（2012）的研究，该量表共包含 12 个题目，内容包括政府、客户和竞争者环保导向三个方面，其中每个环保导向分别由 4 个题目构成，包括“近三年，本企业所在地的地方政府将环保作为重要的任务之一”等。

控制变量。根据以往研究和本书的理论基础，使用行业、企业规模、企业成立年数、企业性质、营业收入、性别、年龄、学历、任职年限、职位作为控制变量。除控制变量外，其他变量均采用 Likert 七点量表计分（1=非常不同意；7=非常同意）。

2. 问卷发放与回收

本书的问卷发放与回收程序操作如下。

①在实际调查之前，笔者与各企业共同确定调查对象（即企业实际管理者，包括基层、中层和高层管理者），同时对问卷进行编号。

②在调查开展阶段事先与企业负责人进行联系，介绍相关调查事宜，例如，介绍调查目的、计划调查过程与安排、选取的调查对象、调查过程中应注意的具体事项等，并随时与企业负责人进行线上联系与电话沟通，讲解问卷内容与解答疑惑，以确保本次调查的科学性与合理性，降低调查偏差与遗漏的现象发生，此外，笔者选择性到现场实施问卷调查并直接收回。

③本次调查分两个阶段，第一阶段发放问卷一 200 份，从 2019 年 4 月 8 日至 7 月 31 日，共回收有效问卷 195 份；第二阶段发放问卷二 200 份，从 2019 年 4 月 23 日至 7 月 31 日，共回收有效问卷 189 份，充足的调查时间确保了调查的合理性与完整性。本次调查共发放问卷 200 套（问卷一和问卷二组成一整套问卷），经过筛选和匹配，删除无效问卷后最终得到有效匹配问卷共计 166 套。

本次调查将企业所在行业分为 6 类，有色金属为“1”，天然气为“2”，电力为“3”，煤炭为“4”，化工为“5”，其他为“6”；企业规模分为五类，100 人以下为“1”，100～500 人为“2”，501～1000 人为“3”，1001～2000 人为“4”，2001～3000 人为“5”，3000 人以上为“6”；企业性质划分为 4 类，国有及国有控股公司为“1”，中外合资公司为“2”，民营公司为“3”，其他为“4”；营业收入分为 5 类，小于 500 万元为“1”，500 万～5000 万元为“2”，5001 万～1 亿元为“3”，1 亿～3 亿元为“4”，大于 3 亿元为 5；被调查人性别分为两类，男性为“1”，女性为“2”；年龄分为 5 类，25 岁及以下为“1”，26～35 岁为“2”，36～45 岁为“3”，46～60 岁为“4”，60 岁以上为“5”；学历分为 4 类，初中及以下为“1”，高中（职高）为“2”，专科及大学为“3”，研究生及以上为“4”；任职年限分为 5 类，1 年及以下为“1”，2～3 年为“2”，4～5 年为“3”，6～10 年为“4”，10 年以上为“5”；职位分为 4 类，CEO 为“1”，研发部经理为“2”，市场部经理为“3”，其他为“4”；企业成立年数分为 4 类，5 年以下为“1”，5～15 年为“2”，16～25 年为“3”，25 年以上为“4”。样本人口统计学特征分布具体情况见表 4-1。

表 4-1　子研究一：样本人口统计学特征分布

类别	数量/个	占比/%
	性别	
男	100	60.2
女	66	39.8
	年龄	
25 岁及以下	23	13.9
26～35 岁	42	25.3
36～45 岁	57	34.3
46～60 岁	44	26.5
	学历	
初中及以下	11	6.6
高中（职高）	20	12.1
专科及大学	127	76.5
研究生及以上	8	4.8
	任职年限	
1 年及以下	23	13.9
2～3 年	24	14.5
4～5 年	27	16.3
6～10 年	35	21.1
10 年以上	57	34.2
	职位	
CEO	81	48.8
研发部经理	10	6.0
市场部经理	28	16.9
其他	47	28.3
	企业成立年数	
5 年以下	29	17.5
5～15 年	67	40.4

续表

类别	数量/个	占比/%
16～25 年	33	19.9
25 年以上	37	22.2
企业性质		
国有及国有控股	130	78.3
中外合资	2	1.2
民营	32	19.3
其他	2	1.2
企业规模		
100 人以下	36	21.7
100～500 人	63	37.9
501～1000 人	45	27.2
1001～2000 人	6	3.6
2001～3000 人	6	3.6
3000 人以上	10	6.0
行业		
有色金属	34	20.5
天然气	1	0.6
电力	28	16.9
煤炭	15	9.0
化工	29	17.5
其他	59	35.5
营业收入		
小于 500 万元	21	12.7
500 万～5000 万元	39	23.5
5001 万～1 亿元	17	10.2
1 亿～3 亿元	48	28.9
大于 3 亿元	41	24.7

（三）数据分析

1. 信度分析

本书采用 SPSS23 统计分析软件从企业外部角度对政府环保导向、客户环保导向、竞争环保导向、绿色产品创新以及绿色流程创新五个主要变量进行信度分析，结果如表 4-2 所示。Cronbach's α 系数分别为 0.952、0.941、0.946、0.883、0.904，数值结果均高于 0.800，反映量表具有良好的信度，可以进行下一步分析。

表 4-2　子研究一：信度分析结果

变量	测度项	Cronbach's α
政府环保导向	GEO2 GEO3 GEO4	0.952
客户环保导向	CEO1 CEO2 CEO3	0.941
竞争环保导向	REO2 REO3 REO4	0.946
绿色产品创新	GGI1 GGI2 GGI3	0.883
绿色流程创新	GPI1 GPI2 GPI3	0.904

2. 验证性因子分析

本书采用 AMOS 22 统计分析软件对政府环保导向、客户环保导向、竞争环保导向、绿色产品创新以及绿色流程创新分别进行五因子、四因子、三因子、双因子和单因子分析，以确保各变量的测量具有良好的效度。数据表明，五因子模型的拟合效果最佳，且五因子模型对实际数据的拟合效果（χ^2/df=3.491，RMSEA=0.086，NFI=0.933，TLI=0.955，CFI=0.962）远优于四因子、三因子、双因子和单因子模型，表明五因子模型最佳，见表 4-3。

表 4-3　子研究一：验证性因子分析结果

模型	χ^2	df	χ^2/df	RMSEA	NFI	TLI	CFI
五因子模型	199.334	90	3.491	0.086	0.933	0.955	0.962
四因子模型	247.511	92	2.691	0.101	0.917	0.938	0.946
三因子模型	298.483	93	3.209	0.116	0.900	0.919	0.928
二因子模型	502.274	93	5.401	0.163	0.831	0.839	0.857
单因子模型	901.159	92	9.795	0.231	0.697	0.678	0.718

注：五因子模型为政府环保导向、客户环保导向、竞争环保导向、绿色产品创新以及绿色流程创新；四因子模型为政府环保导向、客户环保导向、竞争环保导向、绿色产品创新＋绿色流程创新；三因子模型为政府环保导向、客户环保导向＋竞争环保导向、绿色产品创新＋绿色流程创新；二因子模型为政府环保导向＋客户环保导向＋竞争环保导向、绿色产品创新＋绿色流程创新；单因子模型为政府环保导向＋客户环保导向＋竞争环保导向＋绿色产品创新＋绿色流程创新；“＋”表示融合。

其次，各研究变量的平均抽取方差（AVE）都高于 0.700，体现了相对较好的聚合效度，AVE 的平方根均大于各变量间的相关系数，具有良好的区分效度，见表 4-4。以上分析说明研究变量通过效度检验，可以进行下一步分析。

表 4-4　子研究一：各变量 AVE 及区别效度

	政府环保导向	客户环保导向	竞争环保导向	绿色产品创新	绿色流程创新
政府环保导向	0.956(0.913)				
客户环保导向	0.81**	0.946(0.894)			
竞争环保导向	0.75**	0.89**	0.950(0.903)		
绿色产品创新	0.59**	0.59**	0.66**	0.902(0.813)	
绿色流程创新	0.50**	0.51**	0.59**	0.79**	0.916(0.839)

注：对角线上数值为 AVE 平方根，括号内为各变量 AVE。**表示 $p<0.01$，双尾检验。

3. 描述性统计分析

外部因素模型各研究变量的平均值、标准差以及相关系数见表 4-5。结果表明，政府环保导向分别与绿色产品创新和绿色流程创新显著正相关（r=0.59，p<0.01；r=0.50，p<0.01）；客户环保导向分别与绿色产品创新和绿色流程创新显著正相关（r=0.59，p<0.01；r=0.51，p<0.01）；客户环保导向分别与绿色产品创新和绿色流程创新显著正相关（r=0.66，p<0.01；r=0.59，p<0.01），为下一步假设验证提供了初步数据支撑。

表 4-5　子研究一：变量的描述性统计分析结果

	平均值	标准差	1	2	3	4	5	6	7	8	9	
1.企业成立年数	2.43	1.04	1									
2.企业性质	1.09	0.47	−0.18*	1								
3.企业规模	2.43	1.37	0.44**	0.07	1							
4.行业	5.76	2.70	−0.27**	0.00	−0.28**	1						
5.营业收入	3.14	1.37	0.25**	0.00	0.31**	−0.03	1					
6.政府环保导向	5.51	1.44	0.14	−0.04	0.13	−0.16*	0.22**	1				
7.客户环保导向	5.55	1.24	0.17*	−0.01	0.13	−0.15	0.21**	0.81**	1			
8.竞争环保导向	5.53	1.24	0.19*	−0.01	0.06	−0.17*	0.18*	0.75**	0.89**	1		
9.绿色产品创新	5.52	1.21	0.09	0.05	0.03	−0.17*	0.13	0.59**	0.59**	0.66**	1	
10.绿色流程创新	5.57	1.12	0.15	−0.07	−0.03	−0.21**	0.14	0.50**	0.51**	0.59**	0.79**	1

注：*表示 $p<0.05$，** 表示 $p<0.01$，双尾检验。

4. 层级回归

采用层级回归分析来检验政府环保导向、客户环保导向、竞争环保导向对绿色产品创新以及绿色流程创新的影响，在控制变量的基础上分别加入上述变量，回归结果如表 4-6 所示。以绿色产品创新为因变量，模型 1 加入控制变量企业成立年数、企业性质、企业规模、行业及营业收入，模型 2、模型 3 及模型 4 在模型 1 的基础上依次加入政府环保导向、客户环保导向和竞争环保导向，实证结果表明政府环保导向（r=0.29，p<0.01）和竞争环保导向（r=0.59，p<0.01）对绿色产品创新具有显著正向影响，而客户环保导向（r=–0.17，p>0.05）对绿色产品创新无显著影响；以绿色流程创新为因变量，模型 5 加入控制变量企业成立年数、企业性质、企业规模、行业及营业收入，模型 6、模型 7 及模型 8 在模型 5 的基础上依次加入政府环保导向、客户环保导向和竞争环保导向，实证结果表明竞争环保导向（r=0.58，p<0.01）对绿色产品流程具有显著正向影响，而政府环保导向（r=0.20，p>0.05）和客户环保导向对绿色流程创新无显著影响（r=–0.20，p>0.05）。

表 4-6　子研究一：层级回归分析结果

		绿色产品创新				绿色流程创新			
		模型 1	模型 2	模型 3	模型 4	模型 5	模型 6	模型 7	模型 8
控制变量	企业成立年数	0.07	0.05	0.02	–0.02	0.12	0.11	0.09	0.04
	企业性质	0.06	0.09	0.07	0.06	–0.04	–0.02	–0.03	–0.05
	企业规模	–0.09	–0.10	–0.10	–0.04	–0.19	–0.20	–0.19	–0.14
	行业	–0.18*	–0.09	–0.09	–0.07	–0.23	–0.16	–0.16	–0.13
	营业收入	0.13	0.01	0.01	0.01	0.16	0.06	0.06	0.06
自变量	政府环保导向		0.58**	0.32**	0.29**		0.47**	0.24*	0.20
	客户环保导向			0.32**	–0.17			0.29**	–0.20
	竞争环保导向				0.59**				0.58**
	R^2	0.05	0.37	0.40	0.46	0.10	0.30	0.33	0.39
	ΔR^2		0.31	0.03	0.06		0.21	0.03	0.06
	F	1.81	15.29**	15.05**	17.05**	3.38**	11.49**	11.12**	12.71**

注：*表示 p<0.05，** 表示 p<0.01，双尾检验。

四、研究结论

本研究以中国经济新常态为背景，在前人研究的基础上，构建并实证检验制度层面、组织层面和个体层面的关键影响因素对绿色创新的影响效果以及其中的内在机制研究模型，在明晰了资源型企业绿色创新的影响因素的基础上，通过实证分析得出以下结论（表 4-7）。

表 4-7　子研究一：假设检验结果（外部）

假设	结果
H1a　政府环保导向正向影响企业绿色产品创新	成立
H1b　政府环保导向正向影响企业绿色流程创新	不成立
H2a　顾客环保导向正向影响企业绿色产品创新	不成立
H2b　顾客环保导向正向影响企业绿色流程创新	不成立
H3a　竞争者环保导向正向影响企业绿色产品创新	成立
H3b　竞争者环保导向正向影响企业绿色流程创新	成立

如表 4-7 所示，假设 H1a、H3a、H3b 均成立，假设 H1b、H2a、H2b 均不成立，即政府环保导向会正向促进企业的绿色产品创新，但是并不会促进绿色流程创新；顾客环保导向对企业绿色产品创新和绿色流程创新均没有积极正向影响；竞争者环保导向会正向促进企业的绿色产品创新和绿色流程创新。

政府会以执法者和监督者角色向企业施加规制性压力，企业为了获得合法性和声誉，避免政府的处罚，不得不遵从法律法规与环保政策，调整企业策略，积极进行环境管理，重视环保问题，降低生产中的资源消耗，减少可能会危害环境的行动，进行绿色创新。但是资源型企业可能会因为自身的组织惰性的惯性作用，导致仅仅在产品方面进行绿色创新，采用更加明显和突出的绿色创新成效来应付政府的检查，并没有在根本的工艺流程上进行改良，因此降低了绿色创新的全面性和整体性。顾客会对企业施加规范性压力，因为客户更加倾向于信赖具有绿色环保特征或声誉的企业产品，降低对比市场绿色产品时时间和精力的浪费，还会特别关注企业产品是否为绿色无污染，对人体以及环境是否有伤害，否则会采取相关抵制抗议活动。为此，企业不得不进行绿色创新来满足消费者需求和环保导向，使消费者愿意为绿色创新买单，并参与到企业绿色创新活动中，从而增加企业绿色创新的成功率。但是对于资源型企业来说，企业和顾客之间的互动链过长，互动的次数和频率过低，企业不能准确、及时察觉顾客的需求及其变化，如果不能明显察觉顾客环保导向，来自顾客的压力随即会在传递链条中减弱，最终导致企业也不能察觉该种压力，自然无法做出响应，降低了企业绿色产品创新和绿色工艺创新的可能性。而行业竞争者会向企业施加模仿性压力，焦点企业会模仿竞争者的绿色产品创新行为，现有研究发现竞争者带来的合法性压力会促进焦点企业的绿色产品创新和绿色流程创新。

第二节　子研究二：组织内部因素与绿色创新的关系

一、理论基础

高阶理论最初由 Hambrick 和 Mason 于 1984 年提出，是现在发展为较成熟的战略领导理论，该理论认为高层管理者的背景特征（如认知、价值观及个人经验等）将会影响组织整体及内部成员的行为，会对不同情境下的组织问题进行高度个性化的诠释和选择，因此高层管理者及其背景特征决定着组织战略的方向和内容，从而产生不同但对应的企业绩效，因此具有一定的可预测性（Hambrick et al.，1984；Hambrick，2007）。该理论还可以针对整个高层管理者团队进行研究，而且对于预测准确性来说，单个高层管理者的预测性往往没有高层管理者团队整体的预测性强，后者可以更好的预测组织产出。在此情境下，团队成员由于在性别、年龄、教育背景、个人经验、职业经历和风险偏好等方面的差异，做出的决策往往具有较大差异（陶建宏等，2013）。此外，由于高层管理者的某些抽象特征，如个人理念、价值观和感知能力等不便于测量，所以该理论强调利用人口统计学特征来进行替代，以此作为影响指标对企业战略选择和组织绩效进行研究和预测。除了以上观点，高阶理论还认为高层管理者及高层管理者团队对于企业战略的制定和最终绩效的影响是在感知企业内外部环境时进行的，会在感知过程中存在以下特征：任何高层管理者及高层管理者团队都具有感知的局限性，由于受到自身喜好的影响会进行选择性感知，而且对于选择性感知其还会进行个性化有限理性解释。

现有对于高阶理论的研究大致可以分为两个方面：高层管理者及高管理者团队。企业往往会被深深刻上实际最高管理者（创始人、总经理或董事长）的烙印，因此个人特征和背景将会在很大程度上影响并决定企业最终的战略选择，如稳定型或多元化战略，进而对企业绩效产生影响（黄继承等，2013）。此外，还有研究将高层管理者团队作为研究对象，重点考察其总体水平或异质性变量差异对组织战略选择及最终绩效（财务和业务）的影响（Tihanyi et al.，2000；Ferrier，2001）。

二、研究假设和模型构建

企业是绿色创新主体。企业将从外界获取的资源和信息进行整合，推动企业绿色创新不断发展。因此，企业内部运行情况对绿色创新也有着重要影响。企业高层管理者控制整个企业的运行，执行企业内部资源的分配，制定企业内部的制度，是企业中非常重要的一部分，在促进企业绿色创新中也扮演重要角色。企业的正常运行建立在内部制度的基础上，员工对企业制度的良好认知能调动员工参与绿色创新的积极性。另外，虽然外部的资源与信息支持对企业推行绿色创新非常重要，但是企业内部的资源与能力对企业绿色创新是否成功也具有重要意义。因此，为研究企业内部对绿色创新的影响，将探讨高层管理者一般环保意识、组织制度信任、资本重置能力对绿色创新的影响，研究模型如图 4-2 所示。

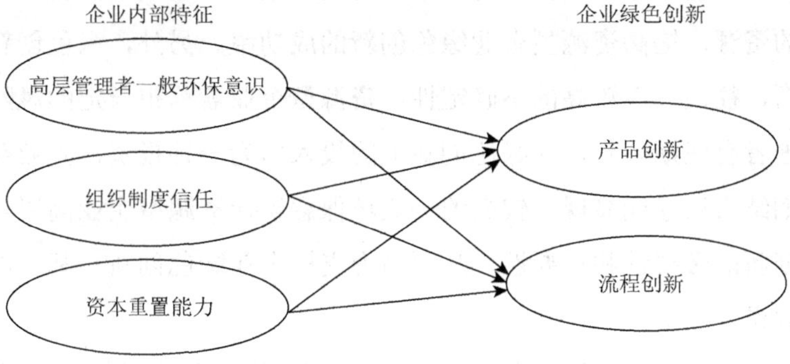

图 4-2　企业内部对企业绿色创新的影响

（一）高层管理者一般环保意识与企业绿色创新

企业高层管理者对环境问题的认知和解读表现为高层管理者一般环保意识（潘安娥等，2018）。具有高度环保意识的高层管理者往往更加关注企业行为对环境的影响，愿意实施对环境有益的企业活动。高层管理者环境意识可进一步划分为一般环保意识和环保收益意识（David et al.，2009；徐建中 等，2016），其中高层管理者一般环保意识是指高层管理者促进企业绿色创新是出于社会责任和道德约束，以提高企业的环境友好性；后者是指高层管理者出于逐利动机，将绿色创新作为降低成本、增加收益的重要利润来源（David et al.，2009；徐建中等，2017）。资源型企业的绿色创新有益于社会发展和企业产业升级，但具有高度不确定性，而且在短期内将导致企业成本增高，很难被高层管理者视为企业重要的利润来源。此外近几年，政府大力宣传环保理念，而且企业高层管理者的教育水平也不断攀升，推动资源型企业高层管理者的环境保护意识增强。因此我们认为在资源型企业中，高层管理者一般环保意识而不是高层管理者环保意识是资源型企业实施绿色创新的重要影响因素。

高层管理者是组织资源的管理者，其对绿色创新的认知会显著影响资源型企业响应环保相关实践议题的范围和速度。高层管理者一般环保意识越高，越能认识到企业所应履行的保护环境的责任，越敢于承担企业绿色环保行为所带来的额外成本。不管是绿色产品创新还是绿色流程创新，资源型企业都需要投入资源，付出额外的成本。具有较高一般环保意识的资源型企业高层管理者能意识到绿色创新对企业及社会的绿色价值，将企业绿色创新置于企业战略高度，为绿色创新提供充足的资源，提高资源型企业绿色创新的成功率。另外，绿色创新尤其是绿色产品创新，往往具有较高的不确定性，资源型企业需承担一定的风险。而且企业高层管理者有任期限制，在绿色创新上的投入作为一种投资，其效益和回报也许在其任期结束后才能显现。较高的一般环保意识让资源型企业高层管理者能认识到绿色创新的必要性和重要性，从而鼎力支持企业绿色创新。基于以上分析，提出如下假设：

H4a，高层管理者一般环保意识正向影响资源型企业的绿色产品创新；

H4b，高层管理者一般环保意识正向影响资源型企业的绿色流程创新。

（二）组织制度信任与企业绿色创新

社会系统理论中信任被分为人际信任、系统信任两种模式。除国家及社会领域层面外，部分学者从广义上对发生在社会层面而非个体层面的信任统一界定为社会信任，并在系统信任内涵上进一步延伸出组织制度信任，表明了个体对政策、制度等规范体系的一种特有的信任。关于宏观层面中组织制度信任，学者认为组织制度信任作为交易双方的“信任守护者”。与个体面对面信任关系不同的是，组织制度信任是非面对面的、非人际交往的一种关系。组织制度信任是以制度为对象的信任，在企业实际经营活动中表现为组织内部成员对组织制度具有一定的信任。

第一，组织制度信任会影响组织内部成员的工作满意度、留职意愿、组织承诺等工作态度，以及组织公民行为（戚玉觉等，2018；Aryee et al.，2002；Vanhala et al.，2016）。从组织制度信任的维度与内涵来看，根据信任选择理性理论，资源型企业在进行绿色创新的过程中，组织制度信任保证了组织成员对公司既定的环境管理条例与环保规章制度的认可与赞同，并从内心认可企业的现有行为规范，认为其符合社会主流价值观与道德准则，组织成员可以更加专注于工作，并可以保证成员在日常生产与工作中坚决贯彻执行相关政策与管理条例，并将其内化为自身价值观，并尽可能满足客户对产品绿色环保诉求，由此促进企业绿色创新。

第二，组织成员行动均受制度约束，组织制度信任会削弱企业内部人际关系的影响（Zhang et al.，2015），表现为降低负向影响成员组织公平感和努力程度的非积极因素，从而进一步增加企业绿色创新活动。根据社会交换理论，组织制度信任水平越高，组织制度的合法性与有效性就越高，组织承诺感就越强，回报组织的动机将得到强化，组成成员由此将积极进行绿色创新活动来对组织进行回报（戚玉觉等，2018）。

第三，现有研究表明，组织制度信任能够简化复杂性，降低交易成本及企业管理成本，完成大量交易（尼克拉斯·卢曼，2005）。组织制度信任可以实现内部交易费用的节约，从而减轻企业的绿色创新成本压力，对组织产生积极影响，进一步激励企业进行绿色创新活动。现有研究还表明组织制度信任可以显著影响组织创新（Williams，2003），据此，本书推测组织制度信任将进一步增加企业绿色创新的可能。鉴于上述分析，本书提出以下假设：

H5a，组织制度信任正向影响资源型企业绿色产品创新；

H5b，组织制度信任正向影响资源型企业绿色流程创新。

（三）资本重置能力与企业绿色创新

资本重置能力指企业对资源进行重新整合和配置的能力（金昕等，2019），是组织动态能力的一部分（David，2012；金昕等，2019）。具有较高组织动态能力的企业在面对企业外部变化时能迅速做出反应，以适应动态变化的环境。

资源型企业的绿色创新是企业自觉对动态变化的环境进行适应的表现。为了推进绿色创新，资源型企业需要投入大量的资源。资源型企业对资源具有较大的依赖性，耗费的资源体量大，是各级政环保监督的重要对象。在外界压力下，资源型企业势必进行节能减排，将在短时间内增加企业成本，导致资源型企业所能调动的内部资源减少。在内外压力下，资源型企业需要对现有资源进行重新整合和分配，才能支撑企业绿色创新，尤其是往往要经历多次试错的产品开发。具有较强资本重置能力的企业能较快重新调整企业内部资源，为开发新产品和升级原有的流程提供充足的资源和信息，以推动资源型企业绿色创新。基于以上分析，提出如下假设：

H6a，资本重置能力正向影响资源型企业的绿色产品创新；

H6b，资本重置能力正向影响资源型企业的绿色流程创新。

三、实证检验

（一）样本选择

采用问卷调查的方式，为保证研究结果的准确性，调查对象与子研究一保持一致。

（二）数据收集

1. 问卷设计

为提高问卷调查的合理性，以及降低同源误差和共同方法偏差，本书将本次调研问卷分为两份，问卷一包含资本重置能力、高层管理者一般环保意识和组织制度信任；问卷二包含绿色产品创新和绿色流程创新。问卷二的发放时间在问卷一填写完毕两个星期后。本研究所使用的量表均来自国外已有研究的成熟量表，并根据中国情境对题项进行了适当调整和修改。除控制变量外，其他变量均采用 Likert 七点量表计分（1=非常不同意；7=非常同意）。

绿色创新。绿色创新的测量来自 Chang（2011）的研究，该量表共包含 6 个题目，其中绿色产品创新和绿色工艺创新分别由 3 个题目构成，包括“公司选择产生最少污染的产品的材料进行产品开发或设计”等。

资本重置能力。资本重置能力的测量参考了金昕等（2019）、Tan 等（2003）的研究，包括 4 个测量题目，“公司的生产运营能力有所剩余”“我们公司留存收益足以用于市场扩张”“我们公司拥有可自由支配的资金储备”“我们公司能够获得必要的银行贷款”等。

高层管理者一般环境意识。高层管理者一般环保意识的测量参考了 Gadenne 等（2009）、Ye 等（2013）、彭雪蓉等（2015）、徐建中等（2017）的研究，包括 3 个测量题目，“企业高层管理者十分了解企业对环境的影响”“企业高层管理者十分了解所在行业的生产工艺优劣”“企业高层管理者十分了解环保规定”等。

制度信任。制度信任在戚玉觉等（2018）的研究基础上，共设计 13 个测量题目，包括“公司提供足够的关于公司制度的培训与讨论”“公司的制度在执行的过程中没有遇到抵制与反抗”“在公司里，做对/错事会受到奖励和惩罚”“公司上上下下所有人都会遵守公司的相关制度”“就有效执行制度而言，绝大部分管理人是胜任的”等。

控制变量。根据以往研究和本书的理论基础，使用行业、企业规模、企业成立年数、企业性质、营业收入、性别、年龄、学历、任职年限、职位作为控制变量。

2. 问卷发放与回收

问卷发放与回收程序操作如下。

（1）在实际调查之前，笔者与各企业共同确定调查对象（即企业实际管理者，包括基层、中层和高层管理者），同时对问卷进行编号。

（2）在调查开展阶段，事先与企业负责人进行联系，介绍相关调查事宜，例如，介绍调查目的、计划调查过程与安排、选取的调查对象、调查过程中应注意的具体事项等，并随时与企业负责人进行线上联系与电话沟通，讲解问卷内容与解答疑惑，以确保本次调研的科学性与合理性，降低调查偏差与遗漏的现象发生，此外，笔者选择性到现场实施问卷调查并直接收回。

（3）本次调查分两个阶段，第一阶段发放问卷一 200 份，从 2019 年 4 月 8

日开始至 7 月结束，共回收有效问卷 196 份；第二阶段发放问卷二 200 份，从 2019 年 4 月 23 日开始至 7 月结束，共回收有效问卷 181 份，充足的调查时间确保了调查的合理性与完整性。本次调查共发放问卷 200 套（问卷一和问卷二组成一整套问卷），经过筛选和匹配，删除无效问卷后最终得到有效匹配问卷共计 166 套。

本研究样本中不同类别人口统计学赋值标准与子研究一保持一致，具体特征如表 4-8 所示。

表 4-8　子研究二：样本人口统计学特征分布

类别	数量/个	占比/%
	性别	
男	100	60.2
女	66	39.8
	年龄	
25 岁及以下	23	13.9
26～35 岁	42	25.3
36～45 岁	57	34.3
46～60 岁	44	26.5
	学历	
初中及以下	11	6.6
高中（职高）	20	12.1
专科及大学	127	76.5
研究生及以上	8	4.8
	任职年限	
1 年及以下	23	13.9
2～3 年	24	14.5
4～5 年	27	16.3
6～10 年	35	21.1
10 年以上	57	34.2
	职位	
CEO	79	47.6
研发部经理	12	7.2
市场部经理	34	20.5
其他	41	24.7
	企业成立年数	
5 年以下	29	17.5
5～15 年	67	40.4

续表

类别	数量/个	占比/%
16～25 年	33	19.9
25 年以上	37	22.2
	企业性质	
国有及国有控股	130	78.3
中外合资	2	1.2
民营	32	19.3
其他	2	1.2
	企业规模	
100 人以下	36	21.7
100～500 人	63	37.9
501～1000 人	45	27.2
1001～2000 人	6	3.6
2001～3000 人	6	3.6
3000 人以上	10	6.0
	行业	
有色金属	34	20.5
天然气	1	0.6
电力	28	16.9
煤炭	15	9.0
化工	29	17.5
其他	59	35.5
	营业收入	
小于 500 万元	21	12.7
500 万～5000 万元	39	23.5
5001 万～1 亿元	17	10.2
1 亿～3 亿元	48	28.9
大于 3 亿元	41	24.7

（三）数据分析

1. 信度分析

采用 SPSS23 统计分析软件从企业内部角度对高层管理者一般环保意识、组织制度信任、资本重置能力、绿色产品创新以及绿色流程创新五个主要研究变量进行信度分析，结果如表 4-9 所示。Cronbach's α 系数分别为 0.882、0.929、0.829、0.831、0.865 均高于 0.800，反映量表具有良好的信度，可以进行下一步分析。

表 4-9　子研究二：信度分析结果

变量	测度项	Cronbach's α
高层管理者一般环保意识	EEA1 EEA1 EEA3	0.882
组织制度信任	OST2 OST3 OST4 OST6	0.929
资本重置能力	RRC1 RRC3 RRC4	0.829
绿色产品创新	GGI1 GGI2 GGI3	0.831
绿色流程创新	GPI1 GPI2 GPI3	0.865

2. 验证性因子分析

采用 AMOS 22 统计分析软件对高层管理者一般环保意识、组织制度信任、资本重置能力、绿色产品创新以及绿色流程创新分别进行五因子、四因子、三因子、双因子和单因子分析，以确保各变量的测量具有良好的效度。数据表明，五因子模型的拟合效果最佳，且五因子模型对实际数据的拟合效果（χ^2/df=1.780，RMSEA=0.085，NFI=0.865，TLI=0.926，CFI=0.935）远优于四因子、三因子、双因子和单因子模型，表明五因子模型最佳，见表 4-10。

表 4-10　子研究二：验证性因子分析结果

模型	χ^2	df	χ^2/df	RMSEA	NFI	TLI	CFI
五因子模型	186．867	105	1.780	0.085	0.865	0.926	0.935
四因子模型	220.169	107	2.058	0.098	0.841	0.900	0.911
三因子模型	306.005	108	2.833	0.129	0.779	0.826	0.844
二因子模型	360.122	107	3.366	0.147	0.740	0.776	0.800
单因子模型	517.474	106	4.882	0.188	0.627	0.632	0.675

注：五因子模型为高层管理者一般环保意识、组织制度信任、资本重置能力、绿色产品创新以及绿色流程创新；四因子模型为高层管理者一般环保意识、组织制度信任、资本重置能力、绿色产品创新＋绿色流程创新；三因子模型为高层管理者一般环保意识＋组织制度信任、资本重置能力、绿色产品创新＋绿色流程创新；二因子模型为高层管理者一般环保意识＋组织制度信任＋资本重置能力、绿色产品创新＋绿色流程创新；单因子模型为高层管理者一般环保意识＋组织制度信任＋资本重置能力＋绿色产品创新＋绿色流程创新；“＋”表示融合。

其次，各研究变量的平均抽取方差（AVE）都高于 0.700，体现了相对较好的聚合效度，AVE 的平方根均大于各变量之间的相关系数，具有良好的区分效度，见表 4-11。以上分析说明各研究变量通过效度检验，可以进行下一步的分析。

表 4-11　子研究二：各变量 AVE 及区别效度

	高层管理者一般环保意识	资本重置能力	组织制度信任	绿色产品创新	绿色流程创新
高层管理者一般环保意识	0.899(0.809)				
资本重置能力	0.45**	0.910(0.826)			
组织制度信任	0.72**	0.50**	0.864(0.747)		
绿色产品创新	0.48**	0.51**	0.52**	0.867(0.751)	
绿色流程创新	0.53**	0.40**	0.55**	0.70**	0.889（0.790）

注：对角线上数值为 AVE 平方根，括号内为各变量 AVE。**为 $p<0.01$，双尾检验。

3. 描述性统计分析

内部因素模型各研究变量的平均值、标准差以及相关系数见表 4-12。结果表明，高层管理者一般环保意识分别与绿色产品创新和绿色流程创新显著正相关（$r=0.48$，$p<0.01$；$r=0.53$，$p<0.01$），资本重置能力分别与绿色产品创新和绿色流程创新显著正相关（$r=0.51$，$p<0.01$；$r=0.40$，$p<0.01$），组织制度信任分别与绿色产品创新和绿色流程创新显著正相关（$r=0.52$，$p<0.01$；$r=0.55$，$p<0.01$），为下一步假设验证提供了初步数据支撑。

表 4-12　子研究二：变量的描述性统计分析结果

	平均值	标准差	1	2	3	4	5	6	7	8	9	10
1. 企业成立年数	2.61	0.88	1									
2. 企业性质	1.01	0.08	−0.14	1								
3. 企业规模	2.50	1.19	0.44**	0.43**	1							
4. 行业	5.34	2.44	−0.23**	−0.07	−0.23**	1						
5. 营业收入	3.11	1.28	0.30**	0.18*	0.38**	−0.02	1					
6. 高层管理者一般环保意识	5.52	1.10	0.23*	0.04	0.14	−0.05	0.11	1				
7. 资本重置能力	4.89	1.11	0.09	0.09	0.09	−0.02	0.07	0.45**	1			
8. 组织制度信任	5.35	1.14	0.23*	0.06	0.15	−0.10	0.10	0.72**	0.50**	1		
9. 绿色产品创新	5.21	1.18	0.24*	0.06	0.21*	0.03	0.23*	0.48**	0.51**	0.52**	1	
10. 绿色流程创新	5.29	1.06	0.29**	0.06	0.19*	−0.08	0.16	0.53**	0.40**	0.55**	0.70**	1

注：*为 $p<0.05$，**为 $p<0.01$，双尾检验。

4. 层级回归

采用层级回归分析来检验高层管理者一般环保意识、组织制度信任、资本重置能力对绿色产品创新以及绿色流程创新的影响，在控制变量的基础上分别加入上述变量，回归结果如表4-13所示。以绿色产品创新为因变量，模型1加入控制变量企业成立年数、企业性质、企业规模、行业及营业收入，模型2、模型3及模型4在模型1的基础上依次加入高层管理者一般环保意识、组织制度信任及资本重置能力，实证结果表明资本重置能力（r=0.32，p<0.01）和组织制度信任（r=0.24，p<0.05）对绿色产品创新具有显著正向影响，而高层管理者一般环保意识（r=0.13，p>0.05）对绿色产品创新无显著影响；以绿色流程创新为因变量，模型5加入控制变量企业成立年数、企业性质、企业规模、行业及营业收入，模型6、模型7及模型8在模型5的基础上依次加入高层管理者一般环保意识、组织制度信任及资本重置能力，实证结果表明高层管理者一般环保意识（r=0.23，p<0.05）和组织制度信任（r=0.28，p<0.05）对绿色产品流程具有显著正向影响，而资本重置能力对绿色流程创新无显著影响（r=0.14，p>0.05）。

表4-13　子研究二：层级回归分析结果

		绿色产品创新				绿色流程创新			
		模型1	模型2	模型3	模型4	模型5	模型6	模型7	模型8
控制变量	企业成立年数	0.20	0.10	0.10	0.08	0.28	0.17	0.17	0.15
	企业性质	0.05	0.02	−0.02	−0.02	0.09	0.06	0.04	0.04
	企业规模	0.07	0.07	0.07	0.07	0.00	0.00	0.01	0.00
	行业	0.10	0.09	0.09	0.10	−0.01	−0.01	−0.01	0.00
	营业收入	0.14	0.12	0.12	0.12	0.06	0.04	0.04	0.43
自变量	高层管理者一般环保意识		0.44**	0.27**	0.13		0.48**	0.39**	0.23*
	资本重置能力			0.37**	0.32**			0.20*	0.14
	组织制度信任				0.24*				0.28*
	R^2	0.10	0.28	0.39	0.41	0.10	0.32	0.35	0.38
	ΔR^2		0.18	0.11	0.02		0.22	0.03	0.03
	F	2.32*	6.71**	9.30**	8.93**	2.32	8.11**	7.97**	7.96**

注：*为p<0.05，**为p<0.01，双尾检验。

（四）研究结论

本书以中国经济新常态为背景，在前人研究的基础上，构建并实证检验制度层面、组织层面和个体层面的关键影响因素对绿色创新的影响效果以及其中的内在机制研究模型，在明晰了资源型企业绿色创新的影响因素的基础上，通过实证分析得出以下结论。

表 4-14　子研究二：假设检验结果（内部）

	假设	结果
H4a	高层管理者一般环保意识正向影响资本型企业的绿色产品创新	不成立
H4b	高层管理者一般环保意识正向影响资源型企业的绿色流程创新	成立
H5a	组织制度信任正向影响资源型企业绿色产品创新	成立
H5b	组织制度信任正向影响资源型企业绿色流程创新	成立
H6a	资本重置能力正向影响资源型企业的绿色产品创新	成立
H6b	资本重置能力正向影响资源型企业的绿色流程创新	不成立

如表 4-14 所示，假设 H1b、H2a、H2b、H3a 均成立，假设 H1a、H3b 均不成立。即高层管理者一般环保意识并不会促进企业绿色产品创新，但会促进企业流程创新；组织制度信任促进企业绿色产品创新和企业流程创新；资本重置能力促进企业绿色创新，但不会促进企业绿色流程创新。

高层管理者的态度显著正向影响资源型企业响应环保相关实践议题的范围和速度，企业高层管理者一般环保意识越强，其越能意识到绿色创新带来的长远价值和潜在价值，加大绿色创新投入以符合市场需求，从而促进企业绿色创新。高层管理者一般环保意识对资源型企业绿色产品创新影响不显著可能是因为新产品开发周期长，而且需要研发人员长期的努力。资源型企业往往缺乏对自主研发的重视，研发人员少，产品开发能力较弱。高层管理者虽然具有较高的一般环保意识，但是受限于资源型企业较低的研发能力和较长的产品开发周期，难以短时间带领公司实现绿色产品创新。此外，组织制度信任一方面会促进组织成员对企业现有环境管理与绿色创新制度的认同，并积极履行与实践；另一方面还会减少影响成员组织公平感和努力程度的消极因素，由此增加绿色创新的可能性。具有较强资本重置能力的企业能较快重新调整企业内部资源，为企业绿色创新提供充足的资源，并在短时间内增加企业成本，推动企业绿色创新。资本重置能力对企业绿色流程创新不显著，可能是因为资源型企业的绿色流程创新需要企业生产和研发的各个环节的协助合作。具有一定资本重置能力的资源型企业虽然可以迅速调整资源配备，为绿色创新提供充足的资本，但是因为资源型企业的研发部门实力往往不足，且生产和研发部门处于相对分割的情况，所以绿色流程创新往往不能取得较好的成果。

第三节　子研究三：网络结构与绿色创新的关系

一、理论基础

社会网络的概念由布朗在 20 世纪 30 年代提出，主要聚焦于文化是如何规定有界群体内部成员的行为。在之后的研究中，Wellman 等（1988）更为全面地将其定义为“某些个体间社会关系所构成的相对稳定的系统”。该理论认为社会结构是个体间关系的网络联结，个体可通过网络维持某种社会认同并建立社会接触，进而取得相关资源。现有关于社会网络的研究逐渐将研究对象从个体扩展至集体或组织，企业所处社会网络位置直接影响着企业所需知识、信息等稀缺性资源的获取，而众多企业所组成的整体网络构成了行业及社会一部分。有学者将概念抽象化，认为网络是两个或两个以上的组织间的长期关系，介于非市场交易关系和层级关系之间（Thorelli，1986）。

强弱联结理论是社会网络理论中最为核心的部分。联结被用来代表各网络节点接触交流的次数，分为强、弱联结两种（Granovetter，1973）。其中，强联结有利于隐性知识的扩散传递，而弱联结则有利于显性知识的扩散传递（Elfring et al.，2003）。组织有必要取得强联结和弱联结之间的平衡，即两者兼备（Carbonara，2004）。而创新的幅度则是取得该平衡的关键，例如，弱联结适合创新幅度较大的行业或产业集群，该类集群往往表现出激进式创新，包括技术迭代速度快、产品更新速度快，行业动态性较强等特点（如互联网、通信、软件等）；强联结则适合创新幅度较小的行业或产业集群，该类集群往往表现出渐进式创新，各方面变化相对较小（如食品、木材、汽车等）。此外，社会网络理论还包括关系要素和结构要素，这两个要素都对知识和信息的流动具有显著重要影响，前者主要关注行动者之间的社会黏着关系，后者则主要关注网络参与者在网络中所处的位置。

二、研究假设和模型构建

现代交通和信息化的发展将企业与其他组织机构之间的距离大大缩短，不同组织之间的沟通愈加频繁，企业与政府、供应商、消费者、行业竞争者等利益相关者之间逐渐形成巨大的社会网络。社会网络是基于个体或组织之间的复杂联系以及这些个体和组织的集合，研究表明企业所处的社会网络结构对其经营发展具有重要影响力。已有学者以中国智能制造业为研究样本，发现企业外部的网络结构与企业探索性绿色创新和利用性绿色创新具有倒“U”形关系（庞娟等，2019）。但资源型企业所处的网络结构是否对资源型企业的绿色创新也具有同样影响还有待研究。

网络结构可以从联结强度、网络密度和网络中心性三方面进行描述。联结强度是指组织间互动的频繁与关系的紧密程度（Granovetter，1973；Hansen，1999；王建刚等，2016）；网络密度用来衡量整体网络内部成员发生相互联系的密集程度（任胜钢等，2011）；网络中心性则是指一个成员在网络中占据中心位置的程度，具体表现为该成员处于连接各种关系的位置及相对于其他成员的地位（Linton，1978；丰超等，2018）。绿色创新将从绿色产品创新和绿色流程创新两个方面开展研究，网络结构与绿色创新研究模型如图 4-3 所示。

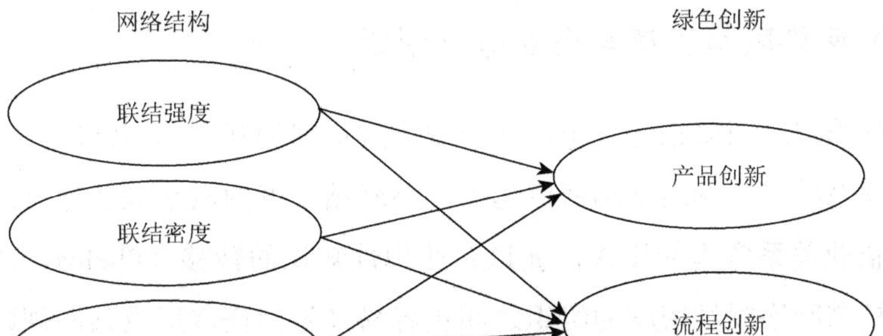

图 4-3　网络结构与绿色创新研究模型图

（一）网络联结强度与企业绿色创新

联结强度是网络结构的重要特征之一，用于衡量处于同一社会网络中不同组织之间的关系强度，可分为强联结和弱联结。许多学者对联结强度与企业绿色创新之间的关系进行研究，研究结论呈现多种不同观点。一种观点认为强联结能促进企业绿色创新（苏涛永等，2016），一种观点认为弱联结会推动企业绿色创新（王建刚等，2016），也有学者认为联结强度对企业绿色创新的影响与绿色创新的类别有关（许慧敏等，2016；李丹等，2018），但现阶段国内鲜有研究聚焦于联结强度和绿色创新之间的关系。

在强联结中，企业与其他组织之间互动频繁，关系密切，相互信任，存在高水平的深度交互行为，能实现比较好的知识转移效果（徐国军等，2018），信息和资源能在企业之间实现高效转移。企业推行绿色创新需要承担一定的风险和不确定性，充足的资源支持能为企业持续推动绿色创新提供保障，及时的信息传递能为企业绿色创新提供新的方向和角度，提高绿色创新成功的可能性。另外，相互信任的企业更乐于在绿色创新上进行合作。通过与供应链下游的分销商进行合作，资源型企业能更深入了解消费者对于绿色产品的接受程度，降低绿色产品创新的不确定性；通过与机械生产商进行合作，资源型企业能获得更加环保节能的生产工具，有益于资源型企业的绿色流程创新。基于以上分析，提出如下假设：

H7a，联结强度正向影响资源型企业的绿色产品创新；

H7b，联结强度正向影响资源型企业的绿色流程创新。

（二）网络联结密度与企业绿色创新

网络联结密度用来描述整个网络中网络成员间相互联结的情况，网络成员之间的相互联系越多，网络联结密度越大。高联结密度的网络能加速资源信息的流动，推动企业关系资本的投入，促进企业隐性知识的转移（Phelps，2010）。另外，处于较高网络联结密度的组织之间更容易产生信任，形成共同规则和共同行为模式（Ahuja，2003）。因此，较高网络联结密度中的资源和信息的流动往往比较快速和频繁。绿色创新具有高投入特性，资源缺乏的本土企业需要根据资源承诺的变化灵活调整投入于绿色创新的资源（陈力田 等，2018）。企业从外部环境中快速获取资源和信息将有益于其将资源承诺保持在一个较高的水平，为资源型企业持续改进生产流程，推出新的产品和服务提供保证。基于以上分析，提出如下假设：

H8a，网络密度正向影响资源型企业的绿色产品创新；

H8b，网络密度正向影响资源型企业的绿色流程创新。

（三）网络中心性与企业绿色创新

网络中心性用来描述企业在社会网络中所处的相对位置，企业在网络中的中心性程度越高，表明其与越多的网络中的组织建立起联系，而且在整个网络中的地位越高（孙国强 等，2014）。不管是绿色流程创新还是绿色产品创新的发展都需要企业提供充足的支持，并与外界保持一定程度的信息沟通，因此企业需不断与其他组织进行信息交流，并从外界获得资源。位于社会网络中心的企业接触的组织相对较多，外部的资源和信息可通过多方渠道流向企业，而且企业的信息来源更广，更容易获取多样的、互异的信息。

位于社会网络中心的企业对其他组织的资源和信息的流动具有较高的控制力，其往往拥有处于同一网络中其他组织所需要的重要技术信息，可以要求其他组织以其所需的资源和信息进行交换，在交换中占据主动地位。而且中心性企业往往在整个社会网络中扮演"枢纽"的作用。一些组织之间的资源交换必须通过中心性企业才能实现，或者通过中心性企业可以较为迅速地实现资源互换。研究也表明在社会网络中处于中心位置的资源型企业拥有更强的资源交换能力（王永贵 等，2019），能为绿色创新提供充足的资源和信息。

提高企业在网络中的中心性程度能激发网络中其他组织与之合作的意愿（Casper，2007），中心性企业在筛选合作伙伴中占据主导地位。位于社会网络中心的资源型企业能挑选具有创新实力的合作伙伴，通过合作共同推动企业的绿色创新。通过与合作伙伴进行协作，企业能更好地促进企业的流程再造和生产新的产品。基于以上分析，提出如下假设：

H9a，网络中心性正向影响资源型企业的绿色产品创新；

H9b，网络中心性正向影响资源型企业的绿色流程创新。

三、实证检验

（一）样本选择

采用问卷调查的方式，为保证研究结果的准确性，调查对象与子研究一保持一致。

（二）数据收集

1. 问卷设计

为提高问卷调查的合理性及降低同源误差和共同方法偏差，本书将本次调研问卷分为两份，问卷一包含网络联结强度、网络中心性和网络密度；问卷二包含绿色产品创新和绿色流程创新。问卷二的发放时间在问卷一填写完毕两个星期后。使用的量表均来自国外已有研究的成熟量表，并根据中国情境对题目进行了适当调整和修改。除控制变量外，其他变量均采用 Likert 七点量表计分（1=非常不同意；7=非常同意）。

绿色创新。绿色创新的测量来自 Chang（2011）的研究，该量表共包含 6 个题目，其中绿色产品创新和绿色工艺创新分别由 3 个题目构成，包括“公司选择产生最少污染的产品的材料进行产品开发或设计”等。

网络结构。本研究将网络结构分为联结强度、网络密度和网络中心性三大维度，测量联结强度的题目借鉴 Hansen（1999）、Granovetter（1973）、王建刚和吴洁（2016）的研究，包含 5 个题目，“我们公司与其他组织联系的次数较为频繁”“我们公司与其他组织间较为信任，具有共同的利益”“我们公司与其他组织间的交流和合作项目较多”“我们公司与其他组织间的联系表现为紧密联系多于一般联系”“我们公司与其他组织建立了战略联盟，具有深度的合作关系”；对网络密度的测量借鉴了 Burt（1995）、Eisingerich 等（2010）、马永红等（2016）的研究，测量量表包括 5 个题目，“相较于其他同类企业，我们公司与同类企业的沟通与合作越来越密切”“相较于其他同类企业，我们公司与更多上游企业的沟通与合作越来越密切”“相较于其他同类企业，我们公司与下游企业的沟通与合作越来越密切”“相较于其他同类企业，我们公司与科研机构的沟通与合作越来越密切”“相较于其他同类企业，我们公司与非科研机构的沟通与合作越来越密切”；对网络中心性的测量参考了 Tsai（2001）、Wan 等（2012）、王建刚和吴洁（2016）的研究，测量量表包括 4 个题目，“我们公司在网络中的知名度较高”“我们公司容易与其他组织建立经验或技术交流联系”“我们公司能够从目标组织中获得知识或信息”“其他公司经常通过我们公司进行技术或经验交流”。

控制变量。根据以往研究和本研究的理论基础，使用行业、企业规模、企业成立年数、企业性质、营业收入、性别、年龄、学历、任职年限、职位作为控制变量。

2. 问卷发放与回收

本研究的问卷发放与回收程序操作如下。

（1）在实际调研之前，笔者与各企业共同确定调查对象（即企业实际管理者，包括基层、中层和高层管理者），同时对问卷进行编号。

（2）在调查开展阶段事先与企业负责人进行联系，介绍相关调查事宜，例如，介绍调查目的、计划调查过程与安排、选取的调查对象、调查过程中应注意的具体事项等，并随时与企业负责人进行线上联系与电话沟通，讲解问卷内容与解答疑惑，以确保本次调查的科学性与合理性，降低调查偏差与遗漏的现象发生，此外，笔者选择性到现场实施问卷调查并直接收回。

（3）本次调研分两个阶段，第一阶段发放问卷一 200 份，从 2019 年 4 月 8 日至 7 月 31 日，共回收有效问卷 195 份；第二阶段发放问卷二 200 份，从 2019 年 4 月 23 日至 7 月 31 日，共回收有效问卷 189 份，充足的调查时间确保了调查的合理性与完整性。本次调查共发放问卷 200 套（问卷一和问卷二组成一整套问卷），经过筛选和匹配，删除无效问卷后最终得到有效匹配问卷共计 166 套。

本研究中不同类别人口统计学赋值与子研究一保持一致，具体分布特征如表 4-15 所示。

表 4-15 子研究三：样本人口统计学特征分布

类别	数量/个	占比/%
	性别	
男	100	60.2
女	66	39.8
	年龄	
25 岁及以下	23	13.9
26～35 岁	42	25.3
36～45 岁	57	34.3
46～60 岁	44	26.5

续表

类别	数量/个	占比/%
	学历	
初中及以下	11	6.6
高中（职高）	20	12.1
专科及大学	127	76.5
研究生及以上	8	4.8
	任职年限	
1 年及以下	23	13.9
2～3 年	24	14.5
4～5 年	27	16.3
6～10 年	35	21.1
10 年以上	57	34.2
	职位	
CEO	81	48.8
研发部经理	10	6.0
市场部经理	28	16.9
其他	47	28.3
	企业成立年数	
5 年以下	29	17.5
5～15 年	67	40.4
16～25 年	33	19.9
25 年以上	37	22.2
	企业性质	
国有及国有控股	130	78.3
中外合资	2	1.2
民营	32	19.3
其他	2	1.2
	企业规模	
100 人以下	36	21.7
100～500 人	63	37.9
501～1000 人	45	27.2
1001～2000 人	6	3.6
2001～3000 人	6	3.6
3000 人以上	10	6.0
	行业	
有色金属	34	20.5
天然气	1	0.6
电力	28	16.9

续表

类别	数量/个	占比/%
煤炭	15	9.0
化工	29	17.5
其他	59	35.5
	营业收入	
小于 500 万元	21	12.7
500 万～5000 万元	39	23.5
5001 万～1 亿元	17	10.2
1 亿～3 亿元	48	28.9
大于 3 亿元	41	24.7

（三）数据分析

1. 信度分析

本文采用 SPSS23 统计分析软件从网络结构角度对联结强度、网络密度、网络中心性、绿色产品创新以及绿色流程创新五个主要研究变量进行信度分析，结果如表 4-16 所示。Cronbach's α 系数分别为 0.940、0.935、0.907、0.883、0.904 均高于 0.800，反映量表具有良好的信度，可以进行下一步分析。

表 4-16　子研究三：信度分析结果

变量	测度项	Cronbach's α
联结强度	CS1 CS2 CS3	0.940
网络密度	ND1 ND2 ND4	0.935
网络中心性	CE1 CE2 CE4	0.907
绿色产品创新	GGI1 GGI2 GGI3	0.883
绿色流程创新	GPI1 GPI2 GPI3	0.904

2. 验证性因子分析

本书采用 AMOS 22 统计分析软件对联结强度、网络密度、网络中心性、绿色产品创新以及绿色流程创新分别进行五因子、四因子、三因子、双因子和单因子分析，以确保各变量的测量具有良好的效度。数据表明，五因子模型的拟合效果最佳，且五因子模型对实际数据的拟合效果（χ^2/df=2.139，RMSEA=0.083，NFI=0.924，TLI=0.950，CFI=0.957）远优于四因子、三因子、双因子和单因子模型，表明五因子模型最佳，见表 4-17。

表 4-17　子研究三：验证性因子分析结果

模型	χ^2	df	χ^2/df	RMSEA	NFI	TLI	CFI
五因子模型	192.497	90	2.139	0.083	0.924	0.950	0.957
四因子模型	243.476	92	2.646	0.100	0.903	0.928	0.937
三因子模型	296.841	93	3.192	0.115	0.882	0.905	0.915
二因子模型	357.431	93	3.843	0.131	0.858	0.876	0.890
单因子模型	708.357	92	7.700	0.202	0.719	0.708	0.744

注：五因子模型为联结强度、网络密度、网络中心性、绿色产品创新以及绿色流程创新；四因子模型为联结强度、网络密度、网络中心性、绿色产品创新＋绿色流程创新；三因子模型为联结强度＋网络密度、网络中心性、绿色产品创新＋绿色流程创新；二因子模型为联结强度＋网络密度＋网络中心性、绿色产品创新＋绿色流程创新；单因子模型为联结强度＋网络密度＋网络中心性＋绿色产品创新＋绿色流程创新；“＋”表示融合。

其次，各研究变量的平均抽取方差（AVE）都高于 0.700，体现了相对较好的聚合效度，AVE 的平方根均大于各变量之间的相关系数，具有良好的区分效度，见表 4-18。以上分析说明各研究变量通过效度检验，可以进行下一步的分析。

表 4-18　子研究三：各变量 AVE 及区别效度

	联结强度	网络密度	网络中心性	绿色产品创新	绿色流程创新
联结强度	0.945（0.893）				
网络密度	0.58**	0.942（0.887）			
网络中心性	0.55**	0.83**	0.919（0.845）		
绿色产品创新	0.42**	0.62**	0.66**	0.902（0.813）	
绿色流程创新	0.37**	0.62**	0.61**	0.79**	0.916（0.839）

注：对角线上数值为 AVE 平方根，括号内为各变量 AVE。**为 $p<0.01$，双尾检验。

3. 描述性统计分析

网络结构因素模型各研究变量的平均值、标准差以及相关系数见表 4-19。结果表明，联结强度分别与绿色产品创新和绿色流程创新显著正相关（r=0.42，p<0.01；r=0.37，p<0.01），资本重置能力分别与绿色产品创新和绿色流程创新显著正相关（r=0.62，p<0.01；r=0.62，p<0.01），组织制度信任分别与绿色产品创新和绿色流程创新显著正相关（r=0.66，p<0.01；r=0.61，p<0.01），为下一步假设验证提供了初步数据支撑。

表 4-19　子研究三：变量的描述性统计分析结果

	平均值	标准差	1	2	3	4	5	6	7	8	9	10
1.企业成立年数	2.43	1.04	1									
2.企业性质	1.09	0.47	−0.18*	1								
3.企业规模	2.43	1.37	0.44**	0.06	1							
4.行业	5.76	2.70	−0.27**	0.00	−0.28**	1						
5.营业收入	3.14	1.37	0.25**	0.00	0.31**	−0.03	1					
6.联结强度	5.47	1.73	0.05	0.02	0.05	−0.17*	0.09	1				
7.网络密度	5.41	1.14	0.21**	0.02	0.09	−0.15	0.24**	0.58**	1			
8.网络中心性	5.23	1.20	0.21**	−0.03	0.12	−0.20**	0.21**	0.55**	0.83**	1		
9.绿色产品创新	5.52	1.20	0.09	0.05	0.03	−0.17*	0.12	0.42**	0.62**	0.66**	1	
10.绿色流程创新	5.57	1.12	0.15	−0.07	-0.03	−0.21**	0.14	0.37**	0.62**	0.61**	0.79**	1

注：*为 p<0.05，**为 p<0.01，双尾检验。

4. 层级回归

采用层级回归分析来检验联结强度、网络密度、网络中心性对绿色产品创新以及绿色流程创新的影响，在控制变量的基础上分别加入上述变量，回归结果如表 4-20 所示。以绿色产品创新为因变量，模型 1 加入控制变量企业成立年数、企业性质、企业规模、行业及营业收入，模型 2、模型 3 及模型 4 在模型 1 的基础上依次加入联结强度、网络密度及网络中心性，实证结果表明网络中心性（r=0.48，p<0.01），对绿色产品创新具有显著正向影响，而联结强度（r=0.02，p>0.05）和网络密度（r=0.21，p>0.05）对绿色产品创新无显著影响；以绿色流程创新为因变量，模型 5 加入控制变量企业成立年数、企业性质、企业规模、行业及营业收入，模型 6、模型 7 及模型 8 在模型 5 的基础上依次加入联结强度、网络密度及网络中心性，实证结果表明网络密度（r=0.37，p<0.01）和网络中心性（r=0.29，p<0.01）对绿色产品流程具有显著正向影响，而联结强度对绿色流程创新无显著影响（r=−0.03，p>0.05）。

表 4-20　子研究三：层级回归分析结果

		绿色产品创新				绿色流程创新			
		模型 1	模型 2	模型 3	模型 4	模型 5	模型 6	模型 7	模型 8
控制变量	企业成立年数	0.06	0.07	–0.03	-0.04	0.12	0.13	0.02	0.02
	企业性质	0.06	0.06	0.03	0.05	–0.04	–0.05	–0.07	–0.06
	企业规模	–0.09	–0.08	–0.04	–0.05	–0.19	–0.18	–0.14	–0.15
	行业	–0.18	–0.11	–0.09	–0.07	–0.22	–0.16	–0.15	–0.13
	营业收入	0.13	0.10	0.00	0.00	0.16	0.13	0.03	0.03
自变量	联结强度		0.39**	0.07	0.02		0.33**	0.00	–0.03
	网络密度			0.57**	0.21			0.59**	0.37**
	网络中心性				0.48**				0.29**
	R^2	0.05	0.20	0.40	0.46	0.10	0.20	0.41	0.44
	ΔR^2		0.14	0.20	0.07		0.10	0.21	0.02
	F	1.81	6.55**	14.80**	16.96**	3.38**	6.62**	15.92**	15.32**

注：**为 $p<0.01$，双尾检验。

（四）研究结论

本书以中国经济新常态为背景，在前人研究的基础上，构建并实证检验制度层面、组织层面和个体层面的关键影响因素对绿色创新的影响效果以及其中的内在机制研究模型，在明晰了资源型企业绿色创新的影响因素的基础上，通过实证分析得出以下结论（表 4-21）。

表 4-21　子研究三：假设检验结果（网络结构）

假设	结果
H7a　联结强度正向影响资源型企业的绿色产品创新	不成立
H7b　联结强度正向影响资源型企业的绿色流程创新	不成立
H8a　网络密度正向影响资源型企业的绿色产品创新	不成立
H8b　网络密度正向影响资源型企业的绿色流程创新	成立
H9a　网络中心性正向影响资源型企业的绿色产品创新	成立
H9b　网络中心性正向影响资源型企业的绿色流程创新	成立

如表 4-21 所示，假设 H2b、H3a、H3b 均成立，假设 H1a、H1b、H2a 均不成立，即网络密度并不会促进资源型企业的绿色产品创新，但是会促进绿色流程创新；网络中心性会促进资源型企业的绿色产品创新和绿色流程创新；联结强度无法促进资源型企业的绿色产品创新和绿色流程创新。

企业外部网络结构可以为企业绿色创新活动提供所需的人力和物力资源，并使企业迅速了解外部环境变动，为资源型企业的绿色创新提供良好的环境，为企业进行绿色创新争取时间。高密度网络促进企业隐性知识的转移，组织之间更容易产生信任，资源和信息的流动往往比较快速和频繁，将有益于将资源承诺保持在一个较高的水平，为资源型企业持续改进生产流程，推出新的产品和服务提供保证。企业在网络中的中心性程度越高，与其他组织建立起联系越多，能不断与其他组织进行信息交流，并从外界获得资源；企业在整个网络中的地位越高，对资源和信息的流动具有较高的控制力，激发网络中其他组织与之合作的意愿，为绿色创新提供了保障。网络密度对绿色产品创新的影响不显著可能是因为当企业处于网络密度较高的社会群体中，社会网络中信息和资源的流动迅速，企业所推出的创新产品容易被同行模仿，使企业遭受损失，因此企业不倾向于进行绿色产品创新。然而，企业更新现有的生产流程将涉及多个环节，如设计新的流程，对新的流程进行调试，等等，不容易被同行简单复制，所以企业更愿意进行绿色流程创新。联结强度对绿色产品创新和绿色流程创新影响不显著的原因一方面可能是样本不足而导致数据验证有偏差；另一方面可能是企业间的联结强度比较强，导致企业分享大量同质性的信息，缺乏创新所需要的多样化异质性信息，因此在一定程度上阻碍了资源型企业绿色创新。

第四节　研究贡献与启示

随着环境污染问题日趋严重，社会对可持续创新发展的期望日益增强。我国经济发展步入新常态，绿色创新是企业应对环境挑战的有效途径，对研究和政策的重要性日益增加。近十年来，国内外学者对绿色创新的动因、特征和作用进行了深入的研究，但是对该领域的研究仍处于起步阶段。与其他创新相比，绿色创新具有知识溢出和环保溢出的“双重正外部性”，因此被研究者认为是实现产业转型升级与可持续发展的通道。企业增加环境保护上的投资，通过降低成本和提高声誉而形成竞争优势和提高业绩。

现有研究从不同理论视角分析绿色创新的驱动因素，很少从实证研究验证绿色创新的影响因素及内在作用机制，对一些组织内部和个体层面因素对绿色创新的影响关注不足，并且缺乏针对具体行业和企业的研究与数据调查。当今面临的最紧迫和突出的挑战之一是迫切需要纠正生态退化和防止未来的退化。迄今为止，关于商业和自然环境的学术研究一直以解决企业和产业层面现象的研究为主，很少关注组织内过程和个人行为。正如这一特殊问题清楚地表明的那样，对组织行为的研究可以为某些组织为什么以及如何向环境可持续性发展提供独特见解。

第一，推进了企业绿色创新驱动因素的整合研究。以往研究多从宏观、企业和行业的角度探索绿色创新的驱动因素，绿色创新的实施是一个技术、市场、制度的互动过程，涉及企业及其客户、政府部门及各利益相关者组成的网络结构，也涉及组织内部诸多因素，例如，组织能力、特征、制度和高层管理者个体层面。以往研究影响绿色创新因素的模式单一，大多停留在应该选择怎样的绿色创新战略上，缺乏对绿色创新战略具体实施与管理的研究，没有很好地解释企业为什么要实施绿色创新。分别从组织内外部角度识别了绿色创新的重要影响因素，丰富了现有绿色创新驱动因素研究。组织外部层面，检验了以政府环保导向、客户环保导向、竞争者环保导向与企业绿色创新的关系；组织内部层面，检验了资本重置能力、高层管理者一般环保意识、组织制度信任与企业绿色创新的关系；网络结构层面，检验了联结强度、联结密度和中心性与企业绿色创新的关系。本书从绿色创新的外部结构与内在机制进行绿色创新的影响机制探讨，补充了以往研究，对驱动企业环境保护提供了一个新的理论参考依据，对深入理解绿色创新的驱动机制，全面考虑组织内外部绿色创新影响因素提供借鉴。

第二，在制度层面扩充了以往宏观层面的相关研究。有关宏观层面的绿色创新研究主要集中两点，一是与环境规制政策、绿色创新政策的设计；二是区域甚至国家绿色创新能力或者绿色创新系统建设和评估，且大部分是定性研究，定量研究不足（张静等，2015）。从定量的角度出发，验证了各利益相关者环保导向及外部网络结构对企业绿色创新的正向影响作用，扩充了宏观层面的研究内容，一方面说明了利益相关者环保导向作用的重要性，政府、客户和竞争者的环保导向对企业的环境保护形成压力，促使企业注重日常运营过程中的环保问题，促进绿色创新；另一方面说明了外部利益相关者组成的网络结构的重要性，使得企业容易在网络结构中获得进行绿色创新所需资源，如人才、知识和资源等，还帮助企业即使感知到外部环境的变化，为企业绿色创新提供良好的环境。

第三，丰富了绿色创新的组织层面的研究。关于如何促进绿色创新的组织讨论，组织行为学者研究不充分。迄今为止，关于商业和自然环境的学术研究一直以解决宏观、企业和产业层面现象的研究为主，很少关注组织内过程和个人行为特征，而对组织行为的研究可以为某些组织为什么以及如何向环境可持续性发展缺乏独特见解。以往对绿色创新的研究更多关注驱动因素，如预期经济收益、冗余资源、外部网络支撑、创新的不确定性和利益相关者的压力等，以及企业外部环境的障碍因素，如国际和国内环保法规的不确定性、环境问题的技术复杂性和实施绿色创新的市场机会等，对企业内部阻碍绿色创新的影响因素研究不足。本书研究了资本重置能力，组织制度信任和高层管理者一般环保意识三个内部促进因素，丰富了绿色创新企业内部驱动因素的体系架构研究增强了研究的情境化特征。

第五章 资源型企业绿色创新的效果研究

由于工业化推进和经济的快速发展，全球生态环境遭到严重破坏，面临着资源短缺、环境污染严峻等问题，经济发展绿色化的要求迫在眉睫。国际社会对生态和资源的关注日益密切，2008 年，联合国环境规划署发起了“绿色经济倡议”，旨在推动各国发展绿色经济道路，从此绿色经济在世界各国成为主要经济发展模式。中国作为世界第二大经济体，急需发展绿色经济。绿色经济是“以绿色价值观为导向，通过绿色技术创新和绿色产品寻找新的经济增长点，经济发展始终坚持与社会、生态和谐统一，通过绿色的管理途径和措施，调整传统的产业结构和经济增长方式，通过绿色经济的可持续发展，经济、生态协调共赢以及兼顾生产效率和商品、服务质量，从而更加文明高效地为社会服务”（徐强，2020）。

企业作为经济社会发展的基本单元，发展绿色经济需要以“创新”为动力，以破除目前困扰企业发展的环境污染问题。创新成为企业助力绿色经济发展的唯一途径，而绿色创新是企业对环境重视度提高的表现，也是资源型企业破除资源与环境压力，实现可持续发展的必经道路。通过对国内外文献梳理与研究，发现学者比较关注绿色创新的前因，而已经实施绿色创新的企业更关注绿色创新的结果因素，比如，绿色创新的制定、实施过程、实施效果等。需要注意的是，企业在实施绿色创新战略时，要关注绿色产品创新与绿色流程创新两个方面，并注意污染防治与治理措施并举。本章将解答如下疑问：①企业绿色产品创新与绿色流程创新如何作用于企业形象；②企业实施绿色产品创新和绿色流程创新会给企业绩效带来怎样效果；③企业绿色产品创新和绿色流程创新给企业竞争优势带来的影响。

基于第四章资源型企业绿色创新的影响因素研究，本章以资源依赖理论、竞争优势理论以及资源基础理论为理论基础，主要构建了资源型企业绿色创新的效果模型，将绿色企业形象、企业绩效以及竞争优势三个变量纳入效果研究模型中，探讨企业绿色创新的作用效果，旨在丰富资源型企业绿色创新的理论研究，在实践中帮助企业认识企业绿色创新对提升企业形象、企业绩效以及企业竞争优势的重要性，增加企业环保意识，促进企业重视并实施绿色创新战略，尽可能减少企业在生产经营过程中产生的负外部性，为企业实施绿色创新提供一定的实践指导，促使企业主动承担环境保护的社会责任。

第一节　理论基础

一、资源依赖理论

资源依赖理论主要是研究组织间关系、组织的变迁活动、组织与外界环境互动的理论，它产生于20世纪40年代，之后不断得到完善与发展，直到70年代后被学者和社会实践者广泛认同，并被应用到组织关系管理领域的理论与实践中，在分析组织外部环境等方面发挥了重要作用。该理论代表著作是费弗尔（Pfeffer）等撰写的《组织的外部控制》，该书中强调组织的生存需要外界环境获取资源，是组织与环境中各要素交互的结果（左莉，2013）。资源依赖理论的核心假设是组织的生存是组织的首要目标，为了生存下来，组织需要从外部环境获取资源，对该组织来说，这些资源通常不是组织拥有的、独立的、自给的，组织必须与所处环境进行交互，获取各种信息来不断缓解信息不对称的局面，从周围的环境中吸收资源来维持生存，资源交换是联系组织和环境关系的核心纽带（林华，2010），此外，组织生存能力的大小体现在该组织控制自身与其他组织关系的能力上，也就是说，组织的控制能力越强，越能维持与其他组织的稳定关系，就越能够在动态环境中生存下来。该理论表明资源对于任何一个社会组织的生存和发展都是至关重要的，组织拥有资源支持才能运转。判断组织对外部资源的依赖程度主要有三个方面，即重要性、替代性、有效性角度——关键资源对于组织生存的重要性、组织赖以生存的资源是否有替代性、组织特定群体是否能够有效地利用其获得的资源，由此可以对比该组织相较于其他组织对关键资源的依赖程度。依据资源依赖理论，企业的运行需要多种多样的资源，需要与外界进行资源往来，以此获得成长动力。对于组织来说，要想保证和提升自主性地位，不受来自外部资源的影响，需要积极地管理对提供关键资源的外部组织的依赖程度，降低组织依赖程度，以改变相对的权力位置，维持生存和发展的独立空间。资源依赖理论存在一定的局限性，当组织面临困难和窘境时，组织更倾向于从外部环境寻找问题根源，将出现的问题归咎于外部资源的不满足，从而忽略对自身因素的考察与反思，不能从本质上突破难题。

资源依赖理论的一个核心观点是组织要降低“依赖”，组织怎样才能改变环境和利用资源，使让环境来适应自身而不是组织适应环境，该理论解释了组织采用各种战略通过改变自己来选择环境的行为。选择这个理论来解释企业为了降低对环境的依赖程度而选择绿色创新战略，企业内部资源利用率的变化情况，以及其对企业竞争优势的影响效果。

二、竞争优势理论

迈克尔•波特在比较优势的基础上提出一种新的竞争理论，即竞争优势理论。该理论是由两个层面的内容组成，包括国家竞争战略和企业竞争战略，并由此产生了国家竞争优势的钻石模型和企业间五力竞争模型，分别代表着宏、中观两个视角。从宏观视角出发，波特的钻石模型对国家竞争力进行了规范解释，它包括四种本国的决定因素（要素条件，需求条件，相关及支持产业，公司的战略、组织以及竞争）和两种外部力量（随机事件和政府）（李颖，2015），这也说明厂商或者企业作为国家竞争力的微观基础，其竞争力的提升影响国家整体的竞争实力。从中观层面的视角出发，迈克尔•波特提出的五力竞争模型中包含了五种竞争力量，即行业内部不同厂商间的竞争、行业外替代品威胁、潜在进入的新厂商的威胁、供应商的讨价还价能力和购买者的讨价还价能力。企业间的五力竞争模型将大量不同的因素汇集在一个简便的模型中，五种力量影响着产业的吸引力以及现有企业的竞争战略决策，可以分析行业的基本竞争态势。迈克尔•波特指出，在竞争性市场中，行业内企业的竞争优势是企业绩效的核心，也就是说，企业的绩效很大程度上取决于该企业在行业内的竞争力。当企业的某种价值创造战略不能够被现有竞争者和潜在竞争者模仿时，这时企业就拥有了可持续的竞争优势（Barney，1991），也有学者表示，可持续竞争优势是指较长周期内，可以影响企业绩效的经营优势。另外，价值链分析是五力竞争模型的重要组成部分，企业的价值链，就是指企业以为客户创造价值为核心的一系列生产经营活动的集合。企业的竞争优势就来源于价值链上的每个环节，每个环节相连形成企业所从事的活动，即企业创造价值的活动，价值链的调整与重构是企业保持竞争优势的根本方法。

从行业内部的角度出发，迈克尔·波特提出了三种思路试图解决激烈的竞争——成本领先战略、差异化战略、专一化战略，他认为企业竞争优势是企业采取更低廉的价格的同时为消费者提供更为优质的产品或服务，不仅可以缓解竞争压力，战略实施还能够为企业带来竞争优势。本书主要针对中观层面行业内部企业之间的竞争优势进行分析，从企业采取的竞争战略角度分析企业实施绿色创新，关注环境管理能否为企业带来持久的竞争优势，因此，以竞争优势理论为一个理论依据进行假设推导。

三、资源基础理论

20 世纪 50 年代末，彭罗斯（Penrose）提出了“资源基础理论”的思想，这个著名的思想出自《企业成长论》，这是资源基础理论的萌芽。到了 1984 年，美国管理学家沃纳菲尔特（Wernefelt）于《企业资源基础理论》一文正式提出资源基础理论，书中提出企业应将资源优势放在第一位，以企业的“资源位置”取代传统产品的观点，企业必须根据资源要素对企业策略进行调整，利用资源为企业创造独特的竞争优势环境。这类资源需要具备稀缺性、有价值、模仿困难和不可替代的属性，才能够赋予企业核心竞争力，成为带来源源不断竞争优势的前提（Barney，1991）。资源基础理论将企业管理的视角由企业外部引入企业内部，对企业管理实践具有重要指导意义，它的基本思想集中在资源优势上，重视发展企业独特的资源，把企业看作资源的集合体，将研究目标集中在资源的特性和战略要素市场上，并以此来解释企业的可持续的优势和相互间的差异（邹翔风，2013；王婷，2017）。经过学者不断钻研，资源基础理论形成了分析企业内部资源配置的框架，Ansoff 等构建了“资源—战略—绩效”理论框架，阐释了企业竞争力的差异来源。资源基础理论的两个假设，即从资源形态与特性来看，企业具有不同的有形资源和无形资源，这些资源可转变成独特的能力；资源在企业间是不可流动且难以复制的。从该理论的基本思想与假设可知，资源在企业发展中产生的重要作用，独特的资源是企业获得持久的发展潜能。资源基础理论主要内容有三点：一是企业竞争优势的资源来自特殊的异质资源，即企业在资源方面的差异是企业获利能力不同和能否获得经济租金的重要原因；二是竞争优势的持续性来自资源的不可模仿性，主要原因包括因果关系含糊、路径依赖性和模仿成本高；三是获取与管理企业的特殊资源使企业获得长远发展，主要方法有组织学习、知识管理和建立外部网络（徐谦，2013）。

资源基础理论强调企业内在资源的重要性，认为企业战略的核心在于其资源与竞争优势的对应和溯源关系，本书研究的企业绿色创新是企业的一种内生力，要求企业将绿色发展、创新驱动融入企业战略规划，成为绿色创新导向战略，引导企业形成一套环境管理体系，从环境污染预防到环境污染治理，贯彻在企业的目标执行和生产过程中。绿色创新是一种战略性资源，企业出于主动或被动都会实施绿色创新，也就是说，无论企业是否受到外部环境的压力，如政府环保压力、消费者绿色需求、同行业竞争压力等，还是企业文化中包含的环境保护理念，企业都会实施绿色创新，这会给企业带来持续的竞争优势。因此，本章选择利用资源基础理论作为理论依据来解释企业绿色创新如何影响企业的竞争优势。

第二节　研究假设和模型构建

绿色创新又称可持续创新、环境创新、生态创新等，它包括绿色产品创新与绿色流程创新，是对绿色产品生产和工艺流程的改进与创新，是一种以经济发展、社会进步与生态环境和谐发展为目标的企业战略，关注人们对美好生活环境的追求，通过在企业发展过程中降低对自然环境的负面影响，在促进社会经济发展的同时主动承担起环境保护的社会责任，实现整个社会福利的最大化（张钢等，2013）。从企业战略管理的视角来看，企业作为市场经济中的基本组成部分，其所处的外部环境不仅包括传统意义上的“政治、经济、社会和技术”等内容，更应当加入当今迫切需要改善的环境问题，企业实施绿色创新行为是一种将环境纳入发展计划之列的战略思考。基于前人研究，本章从战略管理视角来研究资源型企业绿色创新行为的结果，认为绿色创新作为一种企业战略服务于企业发展、环境保护，促进社会经济发展。将从绿色创新对绿色企业形象、企业绩效和企业竞争优势三方面来探讨资源型企业绿色创新的作用效果。

一、企业绿色创新与绿色企业形象

在当今构建资源节约型、环境友好型社会背景下，政府对企业的环境管理日益重视，通过法律条文来不断约束企业挥霍资源、破坏环境的不当生产行为；同时，越来越多的消费者也关注生态环境质量、产品是否绿色健康和企业行为是否环保，可想而知，绿色企业形象对企业发展大有裨益。绿色企业形象是指企业履行环境保护的社会责任，公众对企业的环境关怀行为的认知和评价（Chen et al.，2008），它是企业在环境管理过程中形成的无形资产。绿色企业形象的树立要求企业及其经营管理者必须放弃股东利益最大化的目标，将目标投向承担企业社会责任，注重社会效益、经济效益与生态效益相统一（张莹，2009）。企业重视环境管理下的绿色创新则能达到各目标统一的结果。

根据 Chen 等（2006）的研究，绿色创新包括了绿色产品创新和绿色流程创新。一方面，绿色产品创新使企业提升产品的设计、质量，产品设计过程融入环保要素，可以生产出满足消费者环保偏好的绿色产品，能够较容易地区别于其他同类产品，容易引起消费者关注和欢迎，赢得良好的口碑，树立起绿色企业形象；另一方面，相比于传统的生产流程，绿色流程创新不仅可以提高资源利用率，而且能够有效降低环境污染，实现减少生产材料、节约能源、回收利用废旧物等，由此既为利益相关者节约资金投入，又响应了政府节约资源、保护环境的号召。企业绿色创新使企业承担起社会环保责任，受消费者广泛认可，获得良好的环境保护声誉，形成良好的绿色企业形象。研究表明，消费者的环境保护态度会影响消费者的购买意愿，消费者愿意对环保产品支付更高的价格（宗计川等，2014），企业实施绿色创新生产的产品更受市场欢迎。企业实施绿色创新意味着对环境保护投入大量成本，Chen 等（2008）指出环境保护方面的投入，一方面可使企业避免在生产过程中因为污染环境受到政府的惩罚；另一方面也可以提高企业在消费者心中的绿色形象。田虹等（2018）提出了提升绿色企业形象的多条路径，指出企业实施绿色创新战略可以进行环境保护，不仅可以解决企业面临的环境污染问题，还可以保护自然资源，企业行为为公众所青睐，树立起良好的社会形象。李冬伟等（2017）指出公司股东、消费者、政府机构、行业组织等利益相关者比较容易关注实施积极环境保护策略的企业，如实行绿色产品创新和绿色流程创新的企业，这些企业更容易得到利益相关者的认同，能够将环境保护的投入转化成环境效益，提升绿色企业形象。

绿色创新提高企业环境管理绩效，满足政府的环境法规要求（Chen et al.，2006），企业在产品创新和流程创新的同时，既兼顾了资源节约与环境保护以缓解自然压力，又为消费者提供了优质产品以满足消费需求，这样的企业比较容易受到消费者青睐，逐渐在消费者心中树立起绿色企业形象。因此，提出如下假设：

H1a，企业绿色产品创新正向影响绿色企业形象；

H1b，企业绿色流程创新正向影响绿色企业形象。

二、企业绿色创新与企业绩效

企业绿色创新生产出节约能源、低污染的绿色产品，甚至能够将污染物转化为可销售的产品，在满足消费者环保的购物需求的同时，又承担起企业环境管理的责任，它是一种在生产经营中实现两个“最小化”的活动过程。一是能源和原材料投入最小化，二是污染或废弃物排放最小化（叶红雨，2017；李玉米等，2014）。这些无疑较为容易地使企业与行业内竞争对手区分开来，获取更高的消费者满意度，赢得消费者口碑，消费者自愿产生消费行为，愿意为高环保产品支付更高的价格，从而占领更多的市场份额，进而提高企业绩效。另外，绿色流程创新通过技术创新来改进生产工艺，优化生产流程，节能减排，废物回收，改善环境，企业需要在这个过程中找出关键信息来推进绿色流程创新，主要是对这些信息的获取与加工，具体表现为对消费者需求、竞争对手的行为变化、市场环境等信息进行有效识别、获取、归纳和整理（张欣瑞等，2014），企业在流程工艺上做到节能减排、防污染、废物回收等的同时，提高了资源利用率，使等量的投入回收高额的产出，提高企业绩效。

学术界对于企业绿色创新对企业绩效影响的研究结果不统一，部分学者认为，企业的环境保护与企业绩效二者之间不能够兼容，企业实施绿色创新会给当下企业经济运行带来不利影响，会占用企业资源，增加成本（Palmer et al.，1995），企业环境保护投入成本占用大量的生产资金，产生的环境绩效不能补偿投入成本，因而，与传统技术相比，企业绿色创新行为会降低企业绩效。从环境规制角度来看，企业关注环境保护受到制度压力的影响，环境规制会直接导致企业经济效益下降，或者企业在外界环境压力下实施绿色创新行为效果不明显，后期收益未能弥补企业前期投入的环境保护成本，进一步降低了企业绩效（Ramanathan et al.，2010）。

部分学者研究表明，根据“波特假说”的创新补偿效应可知，优先进行绿色创新的企业可以获得创新补偿（Shrivastava，1995），这个过程可以通过两种途径达成，一是产品补偿，通过改进生产、流程工艺提升产品质量，提高产品价值获得产品溢价；二是过程补偿，改进运营方式，减少排放的废弃物数量并提高资源的二次利用率，由此来抵消对生产和工艺流程进行绿色创新而投入的成本。创新补偿的形成过程要经历五个阶段，即“外部环境压力—形成企业创新—实施创新行为—获得创新绩效—实现创新补偿效应”（李卫红等，2018），短期内较难显现创新补偿效应。但是从长远来看，企业形成的差异化产品、低成本优势以及完善的环境保护体系等会促进企业绩效提升（陈泽文等，2019）。企业承担社会责任，虽然短期因环境保护的成本投入过多可能导致利益受损，但是长期来看企业更具先动优势，更具效率和竞争力。王建明等（2010）提出企业实施绿色创新可以从三个方面实现企业经济绩效的提升，分别是绿色创新提高企业的资源利用率，使企业节能降耗中获得更多收益，实现更多生产的“X-效率”。王洪波等（2017）表明企业绿色创新是一个复杂、动态的过程，在实施绿色产品创新或绿色流程创新时，企业内部会形成创新能力、资源组合能力等，帮助企业提高资源利用率、降低成本，从而创造更多的经济绩效。陈泽文等（2019）否认了传统的成本收益分析视角，重新认识绿色创新对企业绩效的作用效果，认为实施绿色创新的企业，可以通过两个方面促进企业绩效增长，一是低成本、差异化产品有效转移了关注环保投入的成本；二是企业绿色创新过程中形成的环境保护体系、利益相关者的良性互动等成为企业的潜在收益。李怡娜等（2017）主要说明了企业的绿色实践行为可以在材料成本和能源消耗方面降低成本，其生产的环保型产品多受消费者喜爱，占据更多的市场份额，进一步增加企业绩效。所以，企业绿色创新会提高企业绩效。通过假设推导，提出以下假设：

H2a，企业绿色产品创新正向影响企业绩效；

H2b，企业绿色流程创新正向影响企业绩效。

三、企业绿色创新与企业竞争优势

当今生态环境遭到严重破坏的局面已经证明了企业竞争优势不再来源于以破坏环境为代价产生的效益，企业急需由内而外打破发展的窘境，而绿色创新是企业唯一的途径。资源依赖理论认为，企业的创新行为离不开组织掌握的各项资源（Barney，1991），创新行为可以使组织资源重组，提高资源利用率以获取竞争优势。资源基础理论提出，有价值、稀缺、不可替代性和难以模仿性的资源与能力是企业获得长期竞争优势的根源，这些特性为企业在市场上争取竞争优势（Learned，1969；Porter，1981）。创新可以形成"隔离机制"（Chang，2011），使企业在行业内形处于技术领先地位，更容易获得各项资源，短时间内难以被竞争对手模仿和超越。企业绿色创新恰恰可以帮助企业形成具备上述特征的核心竞争力，形成绿色壁垒。

具体来说，绿色产品创新可以将环保归纳到创新体系中革新生产技术，生产性能、包装、环保性等与普通产品不同的绿色产品，因而具有产品差异化特性，满足消费者环境保护偏好，不断开发绿色环保市场，推动企业形成绿色竞争优势；而绿色流程创新通过改进运营方式，优化资源配置，提高资源生产率，节约了企业成本，在成本上占领优势。因此，企业绿色创新带来的产品和服务的差异化与低成本优势使企业长期获得竞争优势（Chang，2011）。根据对现有文献研究表明，企业绿色创新对企业竞争优势有显著的正向影响，Chen 等（2006）利用来自台湾信息电子产业的数据验证了企业绿色创新对企业竞争优势的促进作用。此外，马占杰（2013）构建了企业绿色创新影响企业竞争优势的框架图，从品牌优势与技术优势两个角度描述了企业如何形成竞争优势。姜雨峰等（2014）指出企业实施绿色创新能够承担起环境保护的社会责任，并将其与企业发展战略相匹配，可以实现企业环境保护与经济发展双赢的局面。潘楚林等（2016）基于自然资源基础理论构建了企业经济与环境的可持续发展模型，指出企业因为绿色创新而获得产品溢价，既实现了环境保护目标又更具有效率和竞争性。曹翠珍等（2017）提出了企业绿色创新是一个动态的演化过程，可以打破现有竞争规则，使企业实现双赢，学者基于“过程—能力—优势”的逻辑范式，从绿色创新的“利用”与“探索”两个维度阐释并验证了绿色创新正向影响企业的竞争优势。陈柔霖等（2019）从战略选择理论和创新补偿理论角度论述了企业实行绿色创新生产的绿色产品会获得产品溢价，而由此实现的产品差异化又给企业带来先动优势，因此，绿色产品创新正向影响企业竞争优势。绿色创新效果研究模型如图 5-1 所示。由以上论述，提出如下假设：

H3a，企业绿色产品创新正向影响企业竞争优势；

H3b，企业绿色流程创新正向影响企业竞争优势。

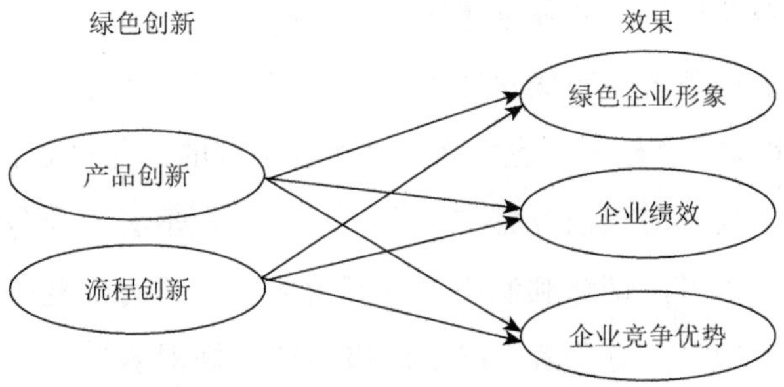

图 5-1　绿色创新的效果研究模型

第三节　实 证 检 验

一、绿色创新效果研究的测量工具

为了达到预期的研究效果，本研究对贵州省资源型企业进行调研，调查样本的选择、问卷设计、样本的发放与回收程序、样本人口统计学特征分布等内容详见第四章。

本研究所使用的量表均来自国外已有研究的成熟量表，并根据中国情境对题项进行了适当调整和修改。除控制变量外，其他变量均采用 Likert 七点量表计分（1=非常不同意；7=非常同意）。

绿色创新。绿色创新指标来源（Chang，2011）的研究。该量表共包含 6 个题目，其中绿色产品创新和绿色工艺创新分别由 3 个题目构成，其中，“绿色产品创新”维度的题项包括“公司选择产生最少污染的产品的材料进行产品开发或设计”“公司用最少的材料构成进行产品开发或设计的产品”“公司会慎重考虑该产品是否易于回收，再利用和分解以进行产品开发或设计”；“绿色流程创新”维度的题目包括“公司的生产过程有效地减少有害物质的排放或废物”“公司的生产过程减少水、电、煤或石油的消耗”“公司的生产过程减少原材料的使用”。

绿色企业形象。绿色企业形象的测量参考了 Martínez 等（2005）、田虹和潘楚林（2015）的研究，包括 8 个测量题目：“企业对环境管理是注重的”“企业环境管理是专业的”“企业环境管理是成功的”“企业环境管理体系是成熟的”“企业关于环境管理的声誉比较稳固”“企业环境管理是值得信任的”“企业环境管理是可靠的”“企业环境管理关注顾客感受”。

企业绩效。企业绩效的测量参考了 Morgan 等（2009）的研究，包括 8 个测量题目：“相对于竞争者，市场份额增长情况好得多”“相对于竞争者，争取到新顾客的情况好得多”“相对于竞争者，对现有顾客的销售增长情况好得多”“相对于竞争者，销售收入增长情况好得多”“相对于竞争者，业务部门盈利情况好得多”“相对于竞争者，销售利润率情况好得多”“相对于竞争者，实现财务目标情况好得多”“相对于竞争者，投资回报率情况好得多”。

企业竞争优势。企业竞争优势的测量参考了 Chang（2011）的研究，包括 6 个测量题目：“公司提供的产品或服务的质量优于竞争对手的产品或服务”“公司的研发能力比竞争对手强”“公司的企业形象优于竞争对手”“竞争对手难以取代公司的竞争优势”“公司的管理能力比竞争对手强”“公司的盈利能力更好”。

控制变量。根据以往研究和本书的理论基础，使用行业、企业规模、企业成立年数、企业性质、营业收入、性别、年龄、学历、任职年限、职位作为控制变量。

二、绿色创新效果研究的数据分析

（一）绿色创新效果研究模型的信度分析

本章节研究基于 166 份问卷调查结果，采用 SPSS22 统计分析软件对绿色产品创新、绿色流程创新、绿色企业形象、企业绩效以及企业竞争优势这五个主要研究变量进行信度分析，结果如表 5-1 所示。Cronbach′s α 系数分别为 0.928、0.910、0.922、0.827、0.865，数值结果均高于 0.800，反映绿色创新效果研究中各个研究变量的测量量表，可靠性较强，量表具有良好的信度，为接下来的研究奠定了基础。

表 5-1 绿色创新效果研究模型的信度分析结果

变量	测度项	Cronbach's α
绿色企业形象	GI6 GI7 GI8	0.928
企业绩效	EP1 EP3 EP5 EP7 EP8	0.910
企业竞争优势	CA1 CA2 CA3 CA4 CA5 CA6	0.922
绿色产品创新	GGI1 GGI2 GGI3	0.827
绿色流程创新	GPI1 GPI2 GPI3	0.865

（二）绿色创新效果研究模型验证性因子分析

采用 AMOS 22 统计分析软件对绿色产品创新、绿色流程创新、绿色企业形象、企业绩效以及企业竞争优势进行了效度分析，从验证性因子分析以及平均抽取方差（AVE）两个方面综合考察绿色创新效果研究模型的拟合度或适配度。由表 5-2 表明，五因子模型的拟合效果最佳，且五因子模型对实际数据的拟合效果（χ^2/df=1.845，RMSEA=0.087，NFI=0.844，TLI=0.914，CFI=0.921）明显优于四因子、三因子、双因子和单因子模型拟合效果，表明本研究五个变量之间的区分效度良好。

由表 5-3 绿色创新效果研究各变量 AVE 及区别效度可知，各研究变量的平均抽取方差（AVE）都高于 0.700，体现了相对较好的聚合效度，且 AVE 的平方根均大于各变量之间的相关系数，具有良好的区分效度。以上分析说明绿色创新效果研究模型的各变量通过了效度检验，可以进行下一步的分析。

表 5-2　绿色创新效果研究模型验证性因子分析结果

模型	χ^2	df	χ^2/df	RMSEA	NFI	TLI	CFI
五因子模型	322.957	175	1.845	0.087	0.844	0.914	0.921
四因子模型	358.916	177	2.028	0.096	0.827	0.896	0.903
三因子模型	559.785	178	3.145	0.138	0.729	0.783	0.797
二因子模型	584.182	175	3.338	0.144	0.718	0.764	0.782
单因子模型	749.859	174	4.310	0.172	0.638	0.665	0.693

注：五因子模型为绿色产品创新、绿色流程创新、绿色企业形象、企业绩效以及企业竞争优势；四因子模型为绿色产品创新＋绿色流程创新、绿色企业形象、企业绩效、企业竞争优势；三因子模型为绿色产品创新＋绿色流程创新、绿色企业形象＋企业绩效、企业竞争优势；二因子模型为绿色产品创新＋绿色流程创新、绿色企业形象＋企业绩效＋企业竞争优势；单因子模型为绿色产品创新＋绿色流程创新＋绿色企业形象＋企业绩效＋企业竞争优势；“＋”表示融合。

表 5-3　绿色创新效果研究各变量 AVE 及区别效度

变量	绿色企业形象	企业绩效	企业竞争优势	绿色产品创新	绿色流程创新
绿色企业形象	0.935（0.875）				
企业绩效	0.60**	0.868（0.753）			
企业竞争优势	0.60**	0.84**	0.849（0.720）		
绿色产品创新	0.67**	0.54**	0.57**	0.865（0.748）	
绿色流程创新	0.67**	0.46**	0.48**	0.70**	0.889（0.791）

注：对角线上数字为 AVE 平方根，括号内为各变量 AVE。*为 $p<0.05$，**为 $p<0.01$，双尾检验。

（三）绿色创新效果研究各变量描述性统计分析

运用 SPSS22 统计分析软件，对构建模型的各个变量的相关性进行分析，可以进一步检验企业绿色产品创新、绿色流程创新、绿色企业形象、企业绩效和企业竞争优势之间的相关关系，同时从整体上揭示变量间的关联程度和显著性高低，相关系数用 r 表示，其取值范围在−1 到 1 之间；若 $r>0$，则表明正相关；若 $r<0$，则表明负相关。本章各研究变量的平均值、标准差以及相关系数见表 5-4。绿色产品创新与绿色企业形象的相关系数 $r=0.67$，且在 $p<0.01$ 的情况下呈显著正相关，绿色产品创新与企业绩效的相关系数 $r=0.54$，且在 $p<0.01$ 的情况下呈显著正相关，

绿色产品创新与企业竞争优势的相关系数 r=0.57，且在 p<0.01 的情况下呈显著正相关；绿色流程创新与绿色企业形象的相关系数 r=0.67，且在 p<0.01 的情况下呈显著正相关，绿色流程创新与企业绩效的相关系数 r=0.46，且在 p<0.01 的情况下呈显著正相关，绿色流程创新与企业竞争优势的相关系数 r=0.48，且在 p<0.01 的情况下呈显著正相关假设初步得到验证，为下一步假设验证提供了初步数据支撑。

表 5-4　绿色创新效果研究各变量的描述性统计分析结果

	平均值	标准差	1	2	3	4	5	6	7	8	9
1. 企业成立年数	2.53	1.10									
2. 企业性质	1.02	0.13	−0.07								
3. 企业规模	2.48	1.48	0.47**	0.41**							
4. 行业	5.57	2.90	−0.16	−0.05	−0.28**						
5. 营业收入	3.23	1.51	0.210*	0.12	0.29**	0.00					
6. 绿色企业形象	5.38	1.05	0.24*	−0.01	0.12	−0.17	−0.07				
7. 企业绩效	4.98	1.01	0.14	0.03	0.09	−0.04	−0.08	0.60**			
8. 企业竞争优势	5.03	0.97	0.13	0.01	0.10	−0.06	−0.11	0.60**	0.84**		
9. 绿色产品创新	5.37	1.16	0.08	0.07	0.01	−0.03	−0.10	0.67**	0.54**	0.57**	
10. 绿色流程创新	5.44	1.03	0.16	0.07	0.08	−0.18	0.00	0.67**	0.46**	0.48**	0.70**

注：*为 p<0.05，**为 p <0.01，双尾检验。

（四）绿色创新效果研究的层级回归分析

本章采用层级回归分析来检验绿色产品创新与绿色流程创新对绿色企业形象、企业绩效、企业竞争优势的影响，回归结果如表 5-5 所示。分别以绿色企业形象、企业绩效、企业竞争优势为因变量，在加入控制变量的基础上（企业成立年数、企业性质、企业规模、行业及营业收入），分别加入绿色产品创新、绿色流程创新，实证结果如下表 5-5 绿色创新效果研究层级回归分析所示。模型 2，回归系数 β=0.650，在 p<0.01 情况下呈显著正相关，H1a 得到验证；模型 5，回归系数 β=0.527，在 p<0.01 情况下呈显著正相关，H2a 得到验证；模型 8，回归系数 β=0.56，在 p<0.01 情况下呈显著正相关，H3a 得到验证。同理，由模型 3，回归系数 β=9.004，在 p<0.01 情况下呈显著正相关，H1b 得到验证；模型 6，回归系数 β=0.453，在 p<0.01 情况下呈显著正相关，H2b 得到验证；模型 9，回归系数 β=0.479，在 p<0.01 情况下呈显著正相关，H3b 得到验证。

表 5-5　绿色创新效果研究层级回归分析结果

		绿色企业形象			企业绩效			竞争优势		
		模型 1	模型 2	模型 3	模型 4	模型 5	模型 6	模型 7	模型 8	模型 9
控制变量	企业成立年数	0.249	0.154	1.486	0.151	0.075	0.066	0.11	0.03	0.023
	企业性质	0.019	−0.066	−0.716	0.039	−0.031	−0.016	−0.01	−0.08	−0.064
	企业规模	0.000	0.051	0.651	0.040	0.082	0.084	0.10	0.14	0.142
	行业	−0.129	−0.113	−0.288	0.001	0.014	0.076	−0.02	0.00	0.064
	营业收入	−0.126	−0.045	−1.482	−0.132	−0.066	−0.120	−0.16	−0.09	−0.147
自变量	绿色产品创新		0.650**			0.527**			0.56**	
	绿色流程创新			9.004**			0.453**			0.479**
	R^2	0.09	0.50	0.485	0.037	0.305	0.230	0.04	0.34	0.259
	ΔR^2		0.41	0.394		0.268	0.193	0.04	0.30	0.217
	F	2.13	17.61**	16.611**	0.816	7.75**	5.267**	0.96	9.23**	6.162**

注：*p<0.05，**p<0.01，双尾检验。

三、研究结果

当前粗放型经济增长方式造成了资源浪费和环境破坏，先污染后治理的末端治理模式已经不能发挥良好的效果，面对这样的严峻形势和挑战，加快绿色经济发展、改善生态环境质量迫在眉睫，而集约式经济发展方式能够提升资源能源的利用率，加快企业产业升级，走可持续发展的道路。企业是转变经济发展方式的主体，绿色创新成为企业转变经济发展方式的必经之路，而资源型企业以自然资源为依托，面对全球资源紧缺、环境污染严重的现状，该类企业实施绿色创新势在必行。因此，本章探索企业实施绿色创新后会如何作用企业形象、绩效和竞争力，本章以资源依赖理论、竞争优势理论以及资源基础理论为理论基础，实证研究资源型企业绿色创新的效果研究，在模型中同时纳入绿色企业形象、企业绩效和企业竞争优势这三个变量，通过实证分析得出以下结论，绿色产品创新和绿色流程创新分别正向影响绿色企业形象、企业绩效和企业竞争优势，本章 6 个假设全部得到验证，详见表 5-6。

表 5-6　绿色创新效果研究假设检验结果

假设		结果
H1a	企业绿色产品创新正向影响绿色企业形象	成立
H1b	企业绿色流程创新正向影响绿色企业形象	成立
H2a	企业绿色产品创新正向影响企业绩效	成立

续表

假设		结果
H2b	企业绿色流程创新正向影响企业绩效	成立
H3a	企业绿色产品创新正向影响企业竞争优势	成立
H3b	企业绿色流程创新正向影响企业竞争优势	成立

第一，企业实施绿色创新对企业形象产生积极影响，企业绿色产品创新促进提升绿色企业形象，并且绿色流程创新同样促进提升绿色企业形象。通过对绿色产品创新与绿色流程创新对绿色企业形象作用关系的假设与模型进行实证检验，绿色创新可以在企业生产经营质量、利益相关者等方面形成良好的绿色企业形象。

一方面，从企业经营角度来看，形成企业绿色形象需要具备以下条件：树立企业环保意识、确立绿色企业文化、资源优势、绿色营销、社会公众认可、内部绿色机构、环境管理计划、环境管理制度、员工培训以及全过程的“绿化”管理等（万后芬，2002）。而企业实施绿色创新一定程度上满足上述的条件，企业管理层拥有绿色发展的意识，将绿色融入企业发展的战略之中，企业逐渐完善自身的资源价值观念，将环保概念融入环境管理过程中，主动承担环境管理增加的成本；企业研究环保法规，遵守环保法规要求，这个过程也逐渐会内化形成绿色的企业文化；企业建立起环境管理制度，来要求企业绿色创新生产产品，在环境管理过程营销产品实现绿色营销全过程；另外，在企业内部落实制度、政策，员工培训是必不可少的环节。可以说，企业绿色创新提升了绿色企业形象。

另一方面，从消费者角度来看，越来越多的消费者意识到环境保护的重要意义，对绿色、健康产品的需求大增，传统的仅以股东利益最大化为目的的企业经营已经不能给企业带来竞争优势，企业只有提升产品的有效供给才能在激烈的竞争市场中占据一席之地。企业绿色创新是应对消费者偏好变化的一种有效方式，企业承担社会责任，为了企业、社会的可持续发展，注重经济效益、社会效益与环境效益有机统一，企业发展理念符合现代社会发展的根本利益，自然会得到社会公众的认可与欢迎，在广大消费者心中树立起绿色形象。

第二，由实证结果可知，企业绿色产品创新正向影响企业绩效，企业实施绿色流程创新正向促进企业绩效。通过对绿色产品创新与绿色流程创新对企业绩效作用关系的假设与模型进行实证检验，绿色创新可从低成本、先动优势、创新补偿等途径实现绩效增长。

在生产过程中，绿色创新有利于企业产生低能耗、低污染产品，形成差异化特征，满足消费者的绿色需求，并且绿色流程创新因技术创新提高生产效率，为企业带来低成本优势，在短期内竞争对手难以模仿，可使企业区别于竞争对手，使企业获得更高的市场份额和客户满意度，进而提升企业绩效。

解决问题的实践中，企业不断累积的资源整合经验，在创新过程要求企业高效率运用资源的受压环境下，对原有资源体系进行重构，识别有价值资源，摒弃无价值资源，最终形成有利于企业绿色创新的核心资源体系。这种核心资源体系的形成，需要在企业绿色创新的经营管理中经过较长时间的积累，过程也是复杂、动态的，是企业实现绿色创新在绿色产品设计和企业环境管理中必不可缺的部分，极大提高了企业的资源利用率，它不仅能够满足企业绿色创新战略目标，还能在行业内部领先其他竞争对手，掌握行业话语权。

企业在环境管理过程中，高资源利用率与应对环境不确定性的能力，创造顾客价值、强化员工培训和培养组织学习能力，帮助企业形成能够获取关键资源的竞争优势，因绿色创新带来的企业竞争优势补偿了环境管理投入的成本，进而促进企业绩效提升。在面对投资者和客户时，实施绿色创新的企业比较容易建立长期的合作关系，企业满足消费者环保偏好，吸引优质客源，使降低交易成本和市场风险。企业在资源、利益相关者、人力资本、抗风险能力等方面领先行业其他竞争对手，长期来看，企业实施绿色创新，能够提升企业经济绩效、环保绩效以及社会绩效。

第三，企业绿色产品创新与绿色流程创新同时有助于企业获得持久的竞争优势。通过对绿色产品创新与绿色流程创新对竞争优势作用关系的假设与模型进行实证检验，绿色产品创新与绿色流程创新从差异化产品与成本领先以及行业绿色壁垒等途径使企业获得持久竞争优势。绿色创新不仅可以使企业获得短期的竞争优势，而且这种优势是持久的。当企业将环境问题视为企业一种机遇时，会在环保实践中投入更多精力，把环境保护的观念融入企业经营活动，深入指导企业绿色实践，企业通过积极实施绿色创新应对政府的环境规制，主动在产品生产和流程工艺上进行技术创新，持续改善，提高产品质量，最大程度降低其产品生产过程、经营活动对环境产生的危害，不仅避免了政府环境保护政策的处罚，又开发新的市场环境和增加企业绿色创新的能力。一方面，在环境管理的各个环节控制污染和节约能源，从系统上构建起异质性资源，包括满足消费者环保偏好的差异化产品、低成本的生产工艺，企业拥有了有价值、稀缺、难以模仿、不可替代性的资源，为企业带来环境优势，差异化和低成本使企业获得行业先行竞争优势。另一方面，在短期内这种竞争优势难以被竞争对手学习与复制。企业实施绿色创新具备先驱者优势，在现有市场上形成绿色壁垒，设置了对现有竞争对手和潜在竞争对手的障碍。因而，在自然生态环境日益恶化、消费者环保意识越发增强的情况下，企业实施绿色创新有助于企业构建持久的竞争优势。

第四节　绿色创新效果研究贡献及启示

节约资源和保护环境，是我国的一项基本国策，资源和环境是经济社会发展的重要支撑力量，党的十七大提出生态文明建设，党的十八大提出实施创新发展战略，并将生态文明建设作为“五位一体”总体布局的一个重要部分，党的十九大报告指出，“必须树立和践行绿水青山就是金山银山的理念”，建设生态文明是中华民族永续发展的千年大计。习近平总书记提出“改善生态环境就是发展生产力”的理念。可见，环境保护、绿色发展等问题越来越受到国家的关注。企业是社会经济发展重要支柱，然而，企业在生产经营过程中排放环境污染物也较多，其理应承担起节约自然能源消耗、保护环境的责任，走节约资源、创新发展的可持续发展道路。

资源型企业更需要依赖自然资源得以发展，传统的线性增长模式导致一系列负外部性，面对资源紧缺、环境污染严峻等问题，资源型企业更需要转变以往粗放的经济发展模式，探索新型发展模式，践行绿色发展理念。企业绿色创新是解决资源紧缺，改善环境污染，发展生态可持续的基础，是资源型企业走出困境的唯一出路，因此，资源型企业绿色创新势在必行。资源型企业的可持续发展道路主要包括两个方面，一是企业自身的可持续发展，这要求资源型企业需要将绿色生态、创新发展的理念融入战略规划中，具化成企业制度，做到各个部门联动，员工、各级管理者了解并积极贯彻实施；二是企业与其所处的环境、社会的可持续发展，要求资源型企业节能降耗，使减少环境污染与环境治理并举，在实现企业利益目标的同时也要关注利益相关者的利益，积极践行社会责任。企业绿色创新是新时代提高企业软实力，增加企业无形资产的重要举措。

在注重软实力竞争的时代，创新已经成为企业获得持续竞争优势的决定性资源，企业绿色创新是企业适应新常态的重要方式。本章同时考察了绿色创新对绿色企业形象、企业绩效，企业竞争优势 3 个重要变量的影响，论述了企业绿色产品创新、绿色流程创新如何形成绿色企业形象，提升企业绩效，提高企业竞争优势这些问题，即将“绿色”融入构建企业综合实力的途径中，在企业外在形象、利益、竞争力方面增强优势，实现绿色发展、创新发展和可持续发展。一方面，企业绿色创新、绿色企业形象、企业绩效、企业竞争优势成为国内外关注的焦点，但是不少学者将绿色创新作用效果的变量（如绿色企业形象、企业绩效和企业竞争优势）分布在不同的研究中分别探讨影响效果，交叉甚至全部纳入一个模型中进行验证的研究甚少。目前关于绿色创新与绿色企业形象、企业绩效、企业竞争优势的研究大多停留在理论论证层面，研究内容单薄。另一方面，拓展企业绿色创新对企业绩效影响效果研究的现有文献。以往在绿色创新对于企业绩效的影响方面的研究结论具有不确定性，对于绿色创新如何影响企业绩效没有统一的结论，有研究显示绿色创新会增加企业成本，从而降低企业绩效；有研究表示绿色创新可以通过创新补偿来提高企业绩效；有研究分为长期、短期来探讨绿色创新对企业绩效的影响效果；等等。另外，对于绿色创新的结果变量（如绿色企业形象、提升企业绩效和成为企业竞争优势）分布在不同的研究中分别探讨影响效果。

创新驱动发展和生态文明建设的时代背景下，传统粗放的经济发展模式弊端日益显露，已经不能适应当今人民对美好生活的需求，企业作为社会经济发展的主体，企业实施绿色创新成为一项创新发展的举措，也是承担社会责任的表现，本章研究资源型企业绿色创新的效果，基于资源依赖理论、竞争优势理论、资源基础理论，以贵州资源型企业的实际调研数据出发，实证检验了中国情境下西部欠发达地区绿色创新两个维度对绿色企业形象、企业绩效、企业竞争优势的影响效应，不仅解释了绿色创新对企业绩效的影响，同时将绿色企业形象、企业绩效、企业竞争优势纳入统一框架中，验证了绿色创新两个维度均对绿色企业形象、企业绩效、企业竞争优势产生积极的促进作用，弥补了现有绿色创新效果研究相关文献中的不足，并拓展了绿色企业形象、企业绩效、企业竞争优势的现有研究。

第六章　促进贵州省资源型企业绿色创新的对策建议

贵州资源型企业开展绿色创新有益于促进企业转型升级，增强企业的资源整合能力，树立绿色企业形象，提升企业绩效和竞争优势，也能推动贵州省生态文明与和谐社会的建设，因此应受到企业和政府的大力支持与鼓励。但在实践中，贵州资源型企业开展绿色创新却存在来自企业内外的诸多制约，其中，企业内部因素包括企业绿色创新意识不强、企业制度不完善、企业创新能力不足等，企业外部因素有社会的创新保障不健全等。因此促进贵州资源型企业绿色创新，既需要充分发挥企业的创新主体作用，克服创新的内部障碍，也需要贵州省各级政府对贵州资源型企业绿色创新进行积极引导与支持，为企业绿色创新提供良好的环境。国外绿色创新的相关经验也表示，企业和政府在促进企业绿色创新中都扮演重要角色。鉴于此，特向贵州资源型企业与贵州省各级政府提出促进资源型企业绿色创新的相关建议。

一、关注企业外部诉求，明确企业创新方向

贵州省资源型企业应主动关注政府、客户及行业竞争者等利益相关方对绿色创新的意见。2017 年，贵州省政府出台《贵州省能源发展“十三五”规划》，提出“积极淘汰落后产能，培育释放先进产能，推动能源科技进步，大力发展新能源”，对贵州省资源型企业提出新的要求。随着绿色发展理念深入人心，消费者也更加关注绿色可再生能源。另外，近年来贵州大力开发新能源，培育新能源汽车产业，贵州传统的煤炭企业面临新能源企业的竞争。贵州资源型企业应积极关注政府、客户以及行业竞争者情况的变化，调整企业绿色创新的方向。首先，资

源型企业应主动接受政府监督。企业应积极与贵州省各级政府机关开展沟通，遵守政府出台的《贵州省生态环境保护条例》等相关规定，与政府建立相对友好的关系。资源型企业还应透彻研究政府出台的《贵州省能源发展“十三五”规划》等政策，明确贵州省政府对资源型企业绿色创新有何支持。其次，资源型企业应将顾客纳入到企业绿色创新的各个环节中。企业应着力培育主要消费者的环保意识，努力获取消费者对企业绿色创新的支持，了解消费者所偏爱的绿色产品，在进行绿色产品开发的过程中积极争取消费者的意见。该环节的重点是要加强资源型企业与主要消费者之间的沟通。对于主要面向个体消费者的资源型企业，如燃气公司，可借助公司微信公众号、官方微博等新媒体与个体消费者进行互动。对于专门为大中型企业提供服务的资源型企业，如煤炭企业等，企业之间可通过开展高层管理者间的双边会谈开展交流。再次，资源型企业应对行业绿色发展的整体情况有较为准确的定位。近年来，贵州许多的资源型企业大力引进先进设备，发展新工艺，开发新能源，以实现企业智能和绿色转型，例如，贵州已经有许多煤矿在推广智能机械化开采。在推动企业绿色和智能发展的道路上，许多贵州资源型企业已经率先发力，其他贵州资源型企业应明确这些领头企业的绿色发展情况以及在绿色发展中存在的短板，了解自身与行业龙头在绿色创新方面的差距，寻找企业绿色创新的契机。对于在绿色发展方面取得领先地位的资源型企业，应积极关注国内甚至世界范围内行业内的前沿技术和工艺，开展绿色创新活动，紧追国际潮流。最后，资源型企业应建立良好的对外沟通制度。企业应保持对外沟通渠道的畅通，使各个利益相关者主体对企业绿色创新的相关意见能迅速传达到企业绿色创新负责人和企业高层，便于企业根据内外部情况对绿色创新进行调整。资源型企业应主动建立多个对外沟通的平台，尤其是面向数量最多的广大消费者和公众，资源型企业可开发 APP，建立企业微信公众号，开通企业官方微博，通过新媒体平台与广大消费者和人民民众进行直接沟通，便于企业快速记录和筛选他们的意见建议，并给予迅速反应，有益于增强资源型企业信息搜集和处理的敏捷性。资源型企业应推动实施对外沟通常态化。位于同一产业链上下游的相关企业和互为竞争对手的企业是资源型企业应该积极沟通的对象，它们往往数量相对有限，因此资源型企业的高层管理者可与上述企业的高层管理者直接对话，并且保持定期的接触和交流。为推动绿色创新，资源型企业还需与政府机构、科研机构以及其他非营利性组织积极接触。企业应邀请上述机构的相关人员定期来企业调研，与企业高层管理者开展会谈等。为实现信息快速从下往上流动，资源型企业还应出台相应的政策，对现有的组织信息传导体制进行改革，保障信息流动的畅通和快速。

企业应主动制定实施绿色发展战略。在生产实践中，贵州资源型企业应自觉推动企业绿色转型，将建立资源节约型和环境友好型企业作为企业战略目标。企业应以创新驱动企业的绿色转型发展，将绿色创新放在企业战略的高度，制定企业绿色创新战略。为切实有效地践行绿色创新战略，资源型企业应加强顶层设计，出台与绿色发展战略相适应的整体行动计划，逐步分解为若干个更加详细的子行动计划，并明确如何落实。负责出台和完善行动方案的部门和员工应尽量考察行业内外多个企业的绿色创新战略，对企业现状进行整理梳理，结合企业高层管理者和员工的意见后制定试行计划，并不断加以完善。企业应将各个级别的行动计划方案传播到每一个部门，组织每个部门的员工对行动方案进行学习。为推动绿色创新战略尽快落地，资源型企业需动员企业的每一个部门及部门的每一个员工。在此基础上，资源型企业应引导企业各个部门有序开展绿色创新活动，并成立专门的研发团队。资源型企业在制定绿色创新战略时应平衡创新成本与创新收益之间的关系，不过分乐观也不过度悲观，做好长期奋斗的准备。

二、加强企业内部教育，提倡绿色创新思想

企业应积极对员工进行环保和创新教育。贵州资源型企业多为煤炭等矿产资源开发与加工企业，员工的综合素质整体较低，绿色环保意识需要加强。首先，资源型企业应引导员工积极转变传统的发展理念。员工是企业发展的基石，是企业开展变革的重要推手和合作伙伴之一。资源型企业开展绿色创新需要调动员工的积极性，让员工充分发挥其主观能动性。企业应向员工阐明企业所面对的局面，接下来工作的总目标及企业对员工的要求，让员工对企业的绿色创新理念和绿色创新活动产生更加深刻的理解，推动员工主动参与企业的绿色创新。鼓励员工以更加积极的态度面对企业接下来所要迎接的变革，尽快适应企业出台的新政策以及调整后的新组织架构，并以更加开放而不是抵触的态度迎接新技术、新工艺和

新产品。提倡员工积极进行自主探索，开展自主学习，在工作中多动脑、多动手。勉励员工相互合作，共享知识与技术，如一线工人能与科研人员分享实操经验，科研人员能传授一线工人新技术。其次，资源型企业应积极开展创新教育。企业应积极开展绿色创新的相关讲座，通过观看绿色环保的视频等方式，让员工切身感受到保护环境、节约资源对他们的益处。定期组织各种社会性的绿色活动，如打扫矿场卫生等，提高公司员工的环保意识。企业可邀请行业专家到企业进行绿色创新相关的知识讲座，鼓励企业中层干部和高层干部积极参与。在企业内部网站、官方网站、微信公众号、内部微信群上发布绿色创新相关的教育视频，以及企业在绿色创新方面所取得的成就的微视频，鼓励员工在休息时间进行自主学习。企业应积极传达“人人可绿色创新”的精神，鼓励全体企业员工在本职工作中寻找绿色创新的机会，积极参与绿色创新。对于企业主要研发人员，在开展绿色创新相关知识教育之余应鼓励他们自主学习绿色创新的相关技术，将所学融入企业的绿色创新中，并为他们提供与同行交流学习的机会。最后，资源型企业应制定相应的公司环保制度，对浪费公司资源和破坏环境的行为进行罚款，对屡教不改的员工进行通报批评和延迟晋升，甚至辞退。

鼓励企业内部积极开展行业知识学习。首先，在贵州资源型企业的基层营造知识学习的氛围。鼓励基层员工在做好本职工作的同时，积极学习新技术、新工艺，在组织内部开展新技术新工艺“比武大赛”。鼓励基层员工结合实际操作环境对新技术、新工艺进行改良，对有所创新的基层员工进行奖励。建立内部选拔机制，鼓励技术熟练的基层员工参与研发部门的人才选拔。其次，鼓励贵州资源型企业的研发部门开展自主学习。在资源型企业的研发部门建立学习型组织，鼓励研发人员自主学习行业的最新知识和技术，并结合企业具体实际情况进行推广。企业需重视并切实推进研发人员与企业基层操作人员间的频繁交流与学习，并在企业内部建立相应的制度体系。再次，贵州资源型企业内部应定期开展面向企业股东和高层管理者的关于行业前沿知识和绿色创新技术的学习活动。企业高层管理者是资源型企业的大脑，是企业未来发展的规划者和执行者。资源型企业的绿色创新活动需获得企业高层管理者的支持才能不断推进，他们对于行业前沿的掌握会影响其对企业绿色创新的态度，直接影响企业绿色创新活动的成效。贵州拥有大量的国有资源型企业，也拥有一定数量的民营资源型企业。在民营资源型企业中，企业股东是资源型企业的实际所有者，也往往是企业的控制者。相较国有资源型企业的股东，民营资源型企业的股东更加重视企业的经济效益。当民营企业的股东对企业绿色创新发展和行业前沿技术缺乏足够认知，股东对于企业绿色创新的支持会减弱，甚至会提前结束企业的绿色创新活动。为增强贵州资源型企业对行业前沿技术的认知，提升他们的绿色环保意识，企业可定期邀请行业专家到企业开展专门面向企业高层管理者和股东的专题讲座。最后，推动资源型企业内部和企业外部积极进行知识交换。资源型企业应鼓励负责与企业外部机构接洽的员工积极收集信息，筛选有用的信息传达给公司，出台相应的奖惩制度，对能为企业提供有用信息的员工进行相应奖励。资源型企业高层管理者与主要利益相关方也应保持常态交流。

三、整合企业内外资源，提高企业创新能力

积极寻求跨行业的绿色创新合作。贵州的资源型企业在原材料的获取、初级产品的生产、产品的再加工等多个生产环节将产生大量的污染物，如焦炉煤气等。对这些污染物的不当处理是贵州资源型企业具有较高污染性的重要原因之一。为推动社会绿色可持续发展，贵州资源型企业一方面需努力降低污染物的产生，另一方面也应该积极寻求将污染物“变废为宝”的方法。贵州资源型企业应积极寻求污染物再加工中的绿色创新，开发新技术，升级现有生产操作流程，生产新产品。值得注意的是，一些资源型企业产生的污染物是另一个行业的重要原材料。钢铁行业产生的焦炉煤气是化工行业的重要原材料，通过对其进行加工可以产生氢气、甲醇和天然气等。鉴于此，资源型企业应加强跨行业的绿色协同合作。第一，贵州资源型企业应与业内专家开展合作，梳理生产过程中所产生的污染物，确定可以与哪些相关行业的企业进行合作。贵州现在拥有大量的中小型资源型企业，其中大部分并不具有足够的科研能力，需要业内专家的帮助。另外，同一行业的贵州资源型企业产生的污染物具有一定的相似性，这也为贵州资源型企业以行业为单位与业内专家开展会谈提供可能性。在与专家合作的过程中，行业协会应积极发挥领导作用，积极组织相应的会谈和调研活动，推动合作有序进行。第二，有能力的资源型企业应根据自身能力和需要主动推动跨行业的绿色创新合作。在进行跨行业的绿色创新合作过程中，企业应选择具有一定科研实力且具有绿色

创新理念的企业作为合作伙伴，不断加强彼此互信，达成合作共识，保持持续沟通，共同合作开发绿色产品。贵州资源型企业应主动开放自身，以保证绿色协同创新的有效性。第三，贵州资源型企业应主动学习前沿技术。随着大数据、人工智能、区块链、云计算等前沿技术的发展和成熟，贵州资源型企业应意识到前沿技术在促进传统产业转型，推动企业绿色创新中发挥的重要作用。鉴于此，贵州资源型企业应积极与大数据、人工智能、云计算等领域的公司开展技术合作，将前沿技术融入贵州资源型企业的生产和研发的各个环节中，推动资源型企业绿色创新。企业应尽量选择在跨领域合作方面具有一定经验的高科技公司作为合作伙伴，降低因为主营业务存在巨大差异引起的沟通不畅。在合作之前，贵州资源型企业应主动向合作伙伴表明自身需求，与合作伙伴共同制定相应的合作方案，进一步明确共识。为提高绿色协同创新的成功率，合作双方在开展绿色创新合作的过程中需要保持持续沟通，实现资源和信息共享。另外，贵州资源型企业应保持对合作伙伴的监督，推动合作按照合作方案有效开展。

构建外部绿色创新平台。贵州资源型企业整体科技研发基础差、能力弱，为提升资源型企业的绿色创新能力，企业需借助外界的能力，构建外部绿色创新平台。为此，贵州资源型企业应加大与国内外高校等科研机构开展在技术、工艺、产品方面相关的绿色创新项目合作，共同培育绿色创新人才。有能力的贵州资源型企业可与具有资质的科研机构共建绿色创新研发中心。贵州研究资源型行业的相关高校和科研机构数目少，且科研力量有待提升，因此资源型企业在寻找合作的高校和科研机构时，应以科研实力为第一评判标准，可与其他省份甚至国外的科研机构开展合作。另外，贵州资源型企业应积极与供应链上下游的企业开展合作，将上下游企业纳入绿色创新平台，共同推动绿色创新。

打造跨越省级边界的资源型企业生态网络。贵州资源型企业因为自身科研实力和资金实力不足，需从外界获取资源和信息，因此贵州资源型企业应加强与政府、科研机构、行业竞争者、消费者、上下游企业等的联系交流，构建资源型企业生态网络。具有紧密的外部网络结构的企业更容易获得绿色创新的成功，所以资源型企业在进行绿色创新时应打破“单打独斗”的固有理念，加强与外部各机构的联系，如定时开展企业间的研讨会，邀请科研机构的专家来企业办绿色创新的相关讲座，等等，不断从外部汲取有益于绿色创新的知识，争取各方支持，为资源型企业绿色创新创造一个良好的外部环境。但需要注意的是，贵州资源型企业在开展绿色创新方面整体上处于起步阶段，而且贵州相关的科研机构数量少、实力弱，所以贵州资源型企业在建设企业生态网络时应积极与国内其他省份甚至国外在绿色创新方面有丰富经验的相关企业和科研机构进行合作交流，建立跨越省级边界的资源型企业生态网络。

大力引进和培养绿色创新人才。缺少绿色创新人才，是贵州资源型企业绿色创新能力不足的重要原因之一。为促进企业绿色创新，应大力引进绿色创新人才。首先，贵州资源型企业应将引进绿色创新人才写进人才建设计划中。企业应面向国内外招募行业顶尖的绿色创新人才，提供优厚的待遇和福利。其次，资源型企业应努力从内部选拔培养一批绿色创新人才。企业应为绿色创新人才创造较为宽松的创新环境，在工作上提供大力支持，给予其较多的晋升机会和培训机会。企业还应鼓励绿色创新人才深入企业一线，了解企业基本操作，在实践中发掘绿色创新的机会。最后，贵州资源型企业应积极与省外乃至国际上在绿色创新处于领先地位的企业进行人才交流。有条件的贵州资源型企业应把贵州资源型企业的技术研发人员送往具有良好的绿色创新经验的公司学习。

降低企业组织惰性。首先，贵州省资源型企业应以更加开放的态度面对新技术和新能源。贵州煤炭企业应积极推动煤炭智能机械化改造，提高煤炭开采的智能化和机械化，对风能、太阳能、水能等新型能源开发要保持密切关注。其次，企业应合理精简资源型企业的组织结构。资源型企业本身容易滋生组织惰性，再加上近年来，贵州大力推动贵州煤矿的兼并重组，导致贵州省大型的煤矿企业数目上升。大型的贵州省资源型企业存在组织结构冗余的情况，不利于企业内部形成较为畅通的信息和资源流动渠道，会降低企业内部资源利用效率，在一定程度上阻碍内部的绿色创新。贵州资源型企业应对企业内部结构进行梳理，削减冗余的组织机构，对存在职能重复的机构进行合并重组，推动不同职能部门的相互合作。为推动资源型企业绿色创新可持续发展，企业高层管理者应直接领导企业的研发部门。最后，提高资源型企业员工和高层管理者的思变意识。贵州资源型企业员工综合素质不高，整体而言较为安于现状。贵州资源型企业可淘汰一部分不能接受新技术、新工艺的员工，合理优化企业员工的年龄结构，为企业吸收年轻的血液。企业应遴选敢于变革，具有变革领导力的企业高层管理者来负责企业的绿色创兴活动。对于贵州的民营资源型企业来说，还应注重良好的董事会治理对推动企业绿色创新具有重要作用，应充分发挥独立董事的作用。

四、加强政府引导监督，激发企业创新意愿

贵州省应建立健全面向各个资源行业的相关法律法规。经验表明，推动立法能有效引导和约束行业行为。为推动水资源绿色发展，澳大利亚在全国范围内相继颁布出台水资源改革框架和水法，并不断对相应的法律法规进行修缮。值得注意的是，新南威尔士州等澳大利亚的各个州政府还推出专门针对各个州的水资源法，有力地引导水资源绿色发展。贵州省政府在积极遵循国家针对资源行业出台的法律法规的基础上，应从贵州资源行业的实际发展情况出发，针对性地出台相应的法规条例，推动贵州各个资源行业的绿色发展，激发贵州资源型企业实施绿色创新的动力。第一，面向资源行业的立法应既“防”也“治”。“防”指出台的法规应较为有力地约束资源型企业破坏环境和浪费资源的行为，提倡企业开展保护环境节约资源的活动，令企业自觉减少非绿色行为，从源头上降低资源型企业的污染。“治”指颁布的条例中应鼓励贵州资源型企业引入绿色技术，开发绿色产品，推动绿色创新，将绿色发展理念贯彻于生产销售的全过程。贵州省政府应积极进行顶层建设，协调好面向资源型企业的立法中“防”与“治”的关系，形成一套较为完整的立法方案。第二，加快出台面向各个贵州省主要资源行业的绿色环保政策。贵州现在出台的大部分绿色环保政策都是面向省内的全部企业和组织，专门针对某个行业，如煤炭行业的绿色环保政策很少。贵州省应加快出台专门针对煤炭、页岩气、太阳能等贵州重要资源开发产业的环保政策，制定具有针对性的各项环境指标，以及相应的污染治理奖惩制度。在制定面向煤炭、页岩气、太阳能等不同资源行业的环境政策时，应充分考虑该行业的特点和污染排放强度，力求出台的环境政策既能有力约束企业的污染行为，实现保护环境节约资源，也能激励企业的绿色创新行为。因此，贵州政府在出台和完善面向资源行业的绿色环保政策过程中，应积极主动进入资源型企业进行调研，与企业高层开展会谈，以充分了解行内企业对出台政策的看法。广大群众是资源行业发展的重要利益相关者，贵州省政府应积极征求群众对于政府所颁布和实施的有关资源行业绿色发展的法规的相关意见，并鼓励普通大众通过多种手段参与其中。第三，推

动资源行业的产业政策绿色化。贵州省应出台相应的政策，进一步规范资源型企业的原材料开发运输、产品生产加工销售等环节。建立健全贵州省资源型企业生产许可及行业准入制度，提高贵州省资源型企业准入门槛。在各个资源行业的产业政策中，贵州省政府应明确对积极进行绿色创新的企业给予一定的税收优惠和资金鼓励，引导贵州资源型产业转变发展方式。针对不同性质不同规模的资源型企业，应采取具有差异性的产业政策，以激发不同企业的绿色创新意愿。例如，针对体量小但比较具有创新活力的民营资源型企业，政府应加强监管，严格执行生产许可及行业准入制度，淘汰环保意识淡薄的企业，加大对民营企业绿色创新的资金奖励和政策优惠，引导民营企业进行绿色创新。贵州省政府应建立公益专项资金，资助短期经济效益不明显，但是长远来看具有较高社会效益的企业的绿色创新项目，鼓励企业的绿色创新行为。需要注意的是，出台和完善鼓励资源行业绿色发展和创新的产业政策，贵州省政府应积极征求行业内企业和广大群众的意见。同时深入多个资源型企业进行调研，与多个企业高层管理者保持沟通和讨论，了解企业员工对于行业政策的相关看法，积极寻求企业特别是企业员工对于立法的反馈。在正式出台相应的产业政策前，政府应先向群众公示，广泛争取群众意见，接受质询，对于群众提出的有建设性的意见应积极采纳，对政策进行调整后再正式颁布和实施。可提高政策制定的科学性，增强群众对于产业政策的接受度。第四，建立健全贵州省各级政府的绿色采购制度。贵州省各级政府应实施合理的采购规划，提高政府采购产品中绿色产品的比例。鼓励贵州省各级政府向贵州省资源型企业购买绿色产品，如办公用具、纸制品等，并优先考虑与积极进行绿色创新的资源型企业合作。第五，政府需加强针对资源型企业的环境行政执法。贵州省政府在加强环保立法的同时，也需严格按照环保政策和产业政策对破坏环境的资源型企业进行惩治，简化政府相关的惩处和奖励流程，依法对资源型企业进行奖惩。

加大政府对企业绿色创新行为的宣传。首先，贵州各级政府应加强对公众环保意识的宣传和教育。政府应持续倡导节约资源保护环境的理念，提高公众的绿色环保意识。组织筛选一批典型的企业绿色创新行为，借助新兴的线上传媒平台和传统的报纸等对其大力宣传。其次，政府应主动开展面向资源型企业高层管理者和股东的创新和绿色教育。政府应在资源型企业中大力开展环保政策以及企业开展绿色创新的优惠政策的宣传。大部分贵州资源型企业是国有企业和集体企业，小部分是民营企业。国有、集体资源型企业受到来自政府的环保压力较大，为了缓解这种压力，企业高层管理者往往倾向于直接购买国外的先进技术和机器，以快速实现节能减排和增加优势产能的目的，而不是开展绿色创新活动。政府应积极组织面向国有资源型企业高层管理者的创新教育，动员国有、集体资源型企业高层管理者进行绿色创新，对积极推动企业绿色创新的国有、集体企业的高层管理者进行通报表扬。对于民营资源型企业，政府应积极组织企业主要股东和高层管理者的创新学习，因为两者在民营资源型企业中都扮演重要作用。最后，政府应加强与资源型企业的沟通。贵州各级政府应积极了解资源型企业对推行绿色创新的顾虑，积极为资源型企业解决相关问题。

出台贵州省绿色创新奖评体系。针对性地制定面向不同资源行业的绿色创新奖惩体系。在制定奖励体系时，贵州相关部门应以保护贵州资源型企业创新成果，激励企业绿色创新为目标，充分考虑贵州省主要资源行业的行业特点，以提高整个奖评体系的科学性。贵州省政府应推行明确的制度，对取得绿色创新成果的贵州资源型企业和个人进行奖励，如税收减免，对企业的非绿色行为进行严惩，如罚款等。此外，积极与贵州省资源型企业进行沟通。贵州省相关部门应主动与资源型企业了解企业绿色创新现状和发展前景，为合理设立绿色创新奖励的指标做准备。

五、优化绿色创新环境，降低企业创新门槛

对积极推动绿色创新的资源型企业提供政策优惠。首先，对积极进行绿色创新的资源型企业提供合理的资金支持和税收补助。政府应鼓励资源型企业利用多种方式进行融资，并在融资方面给予合理援助，如提供一定的利息补贴和担保等。其次，政府应与贵州省的各大金融机构应积极协商。在针对资源型企业的信贷审核和决策过程中，金融机构应考虑资源型企业公司所创造的生态效应和环境贡献，积极满足主动进行绿色创新的资源型企业的资金需求，通过给予更大的资金支持、简化贷款手续、降低利息率、放松贷款年限等多种方式提升资源型企业进行贷款创新的能力和信心。最后，政府应鼓励贵州省资源型企业引进掌握行业前沿技术和知识的先进创新人才。贵州省政府应为资源型企业引进的行业创新人才提供优

惠的人才政策，向取得绿色创新成果的资源型企业的个人和团队提供绿色创新成果奖励，鼓励资源型企业的人才进行绿色创新。

鼓励贵州省科研机构大力开展资源行业的相关研究。贵州应尽快组建一批专门研究资源行业的科研机构。贵州政府应大力引入能源等行业的相关专家学者充实贵州资源行业科研机构的科研力量，改变贵州各个资源行业的科研机构数目少、科研人员稀缺、科研实力不足的现状。此外，政府应鼓励贵州省高校开展清洁能源、新能源、能源开发的新技术新工艺等相关的学术研究。贵州政府在科研资金拨款上向上述研究相关的项目倾斜，还应要求高校加强相关学科的专业建设，在贵州建立一批资源型企业绿色创新人才培养基地，为资源型企业推动绿色创新提供人才。

协调资源型企业与人民群众间的关系。资源型企业开展企业活动依赖于对自然资源的开发利用，而人民群众则是自然资源的拥有者，所以资源型企业开展生产活动需要获得人民群众的允许。部分资源型企业在生产过程中会不可避免地产生各种污染物，一定程度上破坏现有的自然环境，引发群众不满和抵制，可能会影响资源型企业的正常生产经营活动。反之，澳大利亚矿业公司和当地社区在采矿社会许可证管理方面的合作经验表明，资源型企业与人民群众的合作能推动创新，有益于社会环境的绿色健康发展。人民群众是资源型企业重要的利益相关者之一，获得人民群众的支持有益于资源型企业的可持续发展。资源型企业开展绿色创新活动也需要获得人民群众的支持。资源型企业推动绿色创新可能需要新的设备，开办新的厂房，招聘能掌握新技术的工人，解聘无法与企业共同成长的工人。贵州资源型企业与人民群众可能会因此而产生矛盾。为给资源型企业创造良好的创新环境，贵州各级政府应积极协调资源行业与人民群众的关系。第一，深化和常态化贵州各基层政府与人民群众的沟通。对于难以理解企业绿色创新行为，拒绝与企业合作的普通民众，基层政府的工作人员应该与其进行积极沟通，提升民众对于资源型企业行为的认可，为企业争取大众的支持。第二，政府应与资源型企业协调以保障人民群众的合法权益。基层政府应该带领群众监督资源型企业的绿色创新活动。资源型企业的绿色创新行为有益于社会的可持续发展，但是也可能产生一定的社会成本，影响群众的正常生活，如占用农业用地等。在该种情形下，贵州各级政府应代表人民群众，向资源型企业积极争取群众应得的经济补偿。第三，政府应开展面向人民群众的绿色教育。贵州人民群众难以理解和接受资源型企业的行为，这有一部分原因是在于贵州人民的绿色环保意识不足，急需进一步提升。贵州省各级政府尤其是基层政府应运用多种形式对民众进行环保知识普及，可以是传统的开大会的形式，也可以运用抖音、快手、微信等新型媒体手段传播绿色环保知识。

参考文献

曹翠珍，赵国浩，2017. 资源型企业绿色创新、绿色动态能力与竞争优势的实证检验[J]. 统计与决策，(6)：179-183.

曹国，沈利香，应可福，2014. 环保压力、绿色创新与小微企业的竞争优势：来自江苏省小微企业的实证分析[J]. 现代财经：天津财经大学学报，(4)：66-78.

陈华斌，1999. 试论绿色创新及其激励机制[J]. 软科学，(3)：43-44.

陈力田，朱亚丽，郭磊，2018. 多重制度压力下企业绿色创新响应行为动因研究[J]. 管理学报，15(5)：710-717.

陈泽文，曹洪军，2019. 绿色创新战略如何提升企业绩效：绿色形象和核心能力的中介作用[J]. 华东经济管理，33(2)：36-45.

戴鸿轶，柳卸林，2009. 对环境创新研究的一些评论[J]. 科学学研究，27(11)：1601-1610.

董晓茜，2015. 资源型企业绿色发展的哲学思考[D]. 太原：山西财经大学.

董颖，石磊，2013. “波特假说”：生态创新与环境管制的关系研究述评[J]. 生态学报，33(3)：809-824.

丰超，庄贵军，张闯，等，2018. 网络结构嵌入、关系型渠道治理与渠道关系质量[J]. 管理学报，15(10)：36-43.

盖艳梅，张之源，2018. 资源型企业创新型人才管理机制研究[J]. 学习与探索，(12)：57-62.

黄继承，盛明泉，2013. 高管背景特征具有信息含量吗？[J]. 管理世界，(9)：144-153.

姜宇涵，罗杨梅，恽瑞丽，2018. 汽车制造企业绿色创新投入与财务绩效的相关性研究[J]. 财务与金融，(1)：15-22.

姜雨峰，田虹，2014. 绿色创新中介作用下的企业环境责任、企业环境伦理对竞争优势的影响[J]. 管理学报，11(8)：1191-1198.

焦俊，李垣，2011. 基于联盟的企业绿色战略导向与绿色创新[J]. 研究与发展管理，23(1)：84-89.

金昕，陈松，邵俊岗，2019. 双元创新战略、组织动态能力对企业绩效的多维度影响[J]. 预测，38(1)：30-36.

李存芳，杨保华，王世进，2013. 基于产业转移的可耗竭资源型企业区位选择行为影响因素的实证分析[J]. 管理评论，(12)：114-126.

李丹，杨建君，2018. 联结强度、企业间信任和技术创新模式与合作创新绩效[J]. 软科学，32(6)：74-77.

李冬伟，张春婷，2017. 环境战略、绿色创新与绿色形象[J]. 财会月刊，(32)：5-12.

李广培，苏媛，2016. 2011—2015 年国内绿色创新领域研究进展回顾：基于 CSSCI 的文献分析[J]. 物流工程与管理，(12).

李巧华，2014. 生产型企业绿色创新：影响因素及绩效相关[D]. 成都：西南财经大学，2014.

李卫红，白杨，2018. 环境规制能引发“创新补偿”效应吗：基于“波特假说”的博弈分析[J]. 审计与经济研究，33(6)：107-115.

李旭，2015. 绿色创新相关研究的梳理与展望[J]. 研究与发展管理，27(2)：1-11.

李怡娜，徐丽，2012. 竞争环境、绿色实践与企业绩效关系研究[J]. 科学学与科学技术管理，(2)：46-56.

李颖，2015. 沪港承接离岸金融服务外包竞争力比较研究[D]. 上海：上海工程技术大学.

李玉米，周霞，2014. 传统产业绿色竞争优势生成路径分析：基于“钻石理论”分析的绿色创新视角[J]. 广西社会科学，(2)：74-79.

林华，2010. 基于资源和复杂系统视角的企业管理控制研究[D]. 北京：北京交通大学.

刘薇，2012. 国内外绿色创新与发展研究动态综述[J]. 中国环境管理干部学院学报，(5)：22-25.

马富萍，郭晓川，茶娜，2011. 环境规制对技术创新绩效影响的研究：基于资源型企业的实证检验[J]. 科学学与科学技术管理，(8)：89-94.

马永红，李欢，王展昭，2016. 网络结构视角下的产业转移与企业创新绩效[J]. 科学学研究，34(3)：366-372，379.

马媛，侯贵生，尹华，2016. 绿色创新、双元性学习与企业收益的关系：基于资源型企业的实证研究[J]. 技术经济，35(5)：49-55.

马占杰，2013. 基于“绿色创新”视角的企业竞争优势探析[J]. 现代管理科学，(1)：111-113.

尼克拉斯・卢曼，2005. 信任：一个社会复杂性的简化机制[M]. 上海：上海人民出版社.

潘安娥，郭秋实，2018. 政府监管与企业环境信息披露：基于高管环保意识的调节作用[J]. 软科学，(10)：84-87.

潘楚林，田虹，2014. 环境领导力、绿色组织认同与企业绿色创新绩效[J]. 管理学报，14(6)：832-841.

潘楚林，田虹，2018. 经济新常态下绿色智力资本怎样成为企业的竞争优势[J]. 上海财经大学学报，18(2)：77-90.

庞娟，靳书默，朱沛宇，2019. 外部网络关系对绿色技术创新的影响：促进抑或抑制[J]. 科技进步与对策，36(10)：1-10.

彭雪蓉，魏江，2015. 利益相关者环保导向与企业生态创新：高管环保意识的调节作用[J]. 科学学研究，33(7)：1109-1120.

戚玉觉，杨东涛，何玉梅，2018. 组织中的制度信任：概念、结构维度与测量[J]. 经济管理，40(2)：192-208.

强雁，2003. 美国绿色技术创新经验对创建航天绿色企业的启示[J]. 科技进步与对策，(17)：72-74.

任胜钢，吴娟，王龙伟，2011. 网络嵌入结构对企业创新行为影响的实证研究[J]. 管理工程学报，25(4)：75-80.

施建军，崔海云，2013. 绿色创新、消费者偏好与有机食品企业绩效的关系研究：基于北京市和南京市的调研[J]. 江淮论坛，(4)：40-45.

苏涛永，李雪兵，单志汶，等，2016. 外部联结、知识共享有效性与团队创新绩效：来自汽车产业的实证研究[J]. 科学学与科学技术管理，37(07)：26-33.

孙宝红，2018. 资源型企业转型升级发展环保产业路径研究[J]. 中国战略新兴产业，(16)：4.

孙国强，张宝建，徐俪凤，2014. 网络权力理论研究前沿综述及展望[J]. 外国经济与管理，36(12)：47-55.

孙明强，2014. 当前我国关于绿色经济发展所面临的机遇与挑战[J]. 环球市场信息导报：理论，(11)：15.

陶建宏，师萍，段伟宇，2013. 高管层背景特征、企业所有权性质与研发强度关系研究[J]. 科技管理研究，33(5)：113-118.

田红娜，毕克新，吕萍，2013. 制造业绿色工艺创新的动力机制研究[J]. 湖南大学学报（社会科学版），27(1)：78-84.

万后芬，2002. 以独特的绿色企业形象赢得竞争优势[J]. 中国流通经济，16(3)：43-46.

王海风，裴元东，张春霞，等，2016. 中国钢铁工业烧结/球团工序绿色发展工程科技战略及对策[J]. 钢铁，(1)：1-7.

王洪波，刘艳，肖凤军，2017. CEO 调节焦点、绿色创新与企业绩效研究[J]. 科技进步与对策，(7)：82-87.

王辉，田辉，蓝虹，2018. 贵州绿色金融发展的实践与建议[N]. 北京：中国经济时报[2018-4-11].

王建刚，吴洁，2016. 网络结构与企业竞争优势：基于知识转移能力的调节效应[J]. 科学学与科学技术管理，37(5)：55-66.

王建明，陈红喜，袁瑜，2010. 企业绿色创新活动的中介效应实证[J]. 中国人口·资源与环境，20(6)：111-117.

王敏，张璐，万博，2016. 资源型企业可持续发展与节能降耗管理[J]. 现代企业，(3)：9-10.

王婷，2017. 兵团团场农业公司发展问题研究[D]. 石河子：石河子大学.

王永贵，刘菲，2019. 网络中心性对企业绩效的影响研究——创新关联、政治关联和技术不确定性的调节效应[J]. 经济与管理研究，40(05)：113-127.

谢其湘，2016. 钢铁企业节能降耗绿色制造的管理创新[J]. 冶金动力，(2)：61-65.

谢雄标，吴越，冯忠垒，等，2015. 中国资源型企业绿色行为调查研究[J]. 中国人口·资源与环境，25(6)：5-11.

新华社，2014. 中国共产党第十八届中央委员会第五次全体会议公报[EB/OL].（2019-11-20）. http://www.xinhuanet.com//politics/2015-10/29/c_1116983078.htm.

徐国军，杨建君，2018，孙庆刚. 联结强度、组织学习与知识转移效果[J]. 科研管理，39(7)：97-105.

徐建中，贯君，林艳，2016. 互补性资产视角下绿色创新与企业绩效关系研究：战略柔性和组织冗余的调节作用[J]. 科技进步与对策，33(20)：76-82.

徐谦，2013. 基于资源基础理论的建筑企业发展战略研究与应用[D]. 重庆：重庆大学.

徐强，2020. 新时代推动绿色经济可持续发展探析[N]. 北京：中华工商时报[2020-03-30].

许慧敏，辛冲，周宇姼，2016. 组织间关系网络对二元创新的影响：基于利用式学习的中介作用[J]. 技术经济，35(5)：69-75.

许卫华，王锋正，2015. 环境规制与技术创新能力：基于资源型企业的实证研究[J]. 科学决策，(9)：68-78.

薛捷，2017. "技术-市场"双重能力对绿色企业创新绩效的影响：以绿色探索和绿色利用为中介变量[J]. 华南师范大学学报（社会科学版），(3)：50-57.

严良，洪文志，张富有，2008. 资源型企业可持续发展初探[J]. 统计与决策，(20)：186-188.

杨庆义，2003. 绿色创新是西部区域创新的战略选择[J]. 重庆大学学报（社会科学版），(1)：35-37.

叶红雨，王圣浩，2017. 环境规制对企业财务绩效影响的实证研究：基于绿色创新的中介效应[J]. 资源开发与市场，(11)：1328-1333.

叶子青，钟书华，2002. 美国绿色技术创新现状及趋势[J]. 科技管理研究，22(2)：56-58，64.

叶子青，钟书华，2002. 日本绿色技术创新现状及发展趋势[J]. 科技与管理，(4)：119-122.

叶子青，钟书华，2003. 欧盟的绿色技术创新[J]. 中国人口·资源与环境，13(6)：113-115.

张春霞，王海风，张寿荣，等，2015. 中国钢铁工业绿色发展工程科技战略及对策[J]. 钢铁，50(10)：1-7.

张方，揭筱纹，2012. 资源型企业技术创新系统协同度评价研究[J]. 统计与决策，(22)：64-67.

张钢，张小军，2011. 国外绿色创新研究脉络梳理与展望[J]. 外国经济与管理，(8)：27-34.

张钢，张小军，2013. 绿色创新战略与企业绩效的关系：以员工参与为中介变量[J]. 财贸研究，(4)：138-146.

张静，周魏，2015. 绿色创新研究进展综述[J]. 科技管理研究，(8)：232-237.

张启尧，才凌惠，孙习祥，2016. 绿色知识管理能力、双元绿色创新与企业绩效关系的实证研究[J]. 管理现代化，36(5)：48-50.

张小军，2012. 企业绿色创新战略的驱动因素及绩效影响研究[D]. 杭州：浙江大学.

张欣瑞，贺欢，2014. 整合能力、新产品开发与企业成长绩效：基于高技术企业的实证研究[J]. 工业技术经济，(3)：146-151.

张莹，2009. 以绿色营销塑造企业绿色形象[J]. 中国商贸，(5X)：13.

甄霖，杜秉贞，刘纪远，等，2013. 国际经验对中国西部地区绿色发展的启示：政策及实践[J]. 中国人口·资源与环境，23(10)：8-16.

钟榴，郑建国，2016. 基于社会资本的企业绿色创新绩效实证研究[J]. 技术经济与管理研究，(4)：32-37.

朱田，2015. 环境绩效对企业经济绩效的影响研究[D]. 泰安：山东农业大学.

朱雪春，陈万明，2014. 绿色产品创新对组织绩效和组织竞争力的影响：管理者对环境关注的调节作用[J]. 软科学，28(4)：53-56.

宗计川，吕源，唐方方，2014. 环境态度、支付意愿与产品环境溢价：实验室研究证据[J]. 南开管理评论，17(2)：153-160.

邹翔风，2013. 基于资源基础理论的国有企业并购行为分析[D]. 广州：广东外语外贸大学.

左莉，2013. 营销组织模式及绩效管理研究[D]. 北京：北京交通大学.

Agle B R，Mitchell R K，Sonnenfeld J A，1999. Who matters to ceos? An investigation of stakeholder attributes and salience，corpate performance，and ceo values[J]. Academy of Management Journal，42(5)：507-525.

Ajzen I，1991. The theory of planned behavior[J]. Organizational Behavior and Human Decision Processes，50(2)：179-211.

Albino V，Carbonara N，Giannoccaro，2003. Coordination mechanisms based on cooperation and competition within industrial districts：An agent-based computational approach[J].Journal of Artificial Societies and Social Simulation，6(4).

Ansoff，H. I. 1987. The emerging paradigm of strategic behavior[J]. Strategic Management Journal，8(6)：501-515.

Aragón-Correa J A，Sharma S，2003.A contingent resource-based view of proactive corporate environmental strategy[J].Academy of Management Review，28(1)：71-88.

Aryee S，Chen B Z，2002 .Trust as a mediator of the relationship between organizational justice and work outcomes：test of a social exchange model[J].Journal of Organizational Behavior，23(3)：267-285.

Bacigalupo A，Ballen K，Rizzo D，et al.，2009.Defining the intensity of conditioning regimens：working definitions[J]. Biology of Blood and Marrow Transplantation，15(12)：1628-1633.

Bansal M，Belcastro V，Ambesi-Impiombato A，et al.，2007. How to infer gene networks from expression profiles[J]. Molecular Systems Biology，3(1)：78.

Barney J B，1991.Firm resources and sustained competitive advantage[J].Advances in Strategic Management，17(1)：3-10.

Bernauer T，Engels S，Kammerer D，et al.，2006. Explaining green innovation[J]. Center for Comparative and International Studies (CIS)，ETH Zurich，University of Zurich，working paper，(17)：105-19.

Berrone P，Fosfuri A，Gelabert L，et al.，2013. Necessity as the mother of 'green' inventions：Institutional pressures and environmental innovations[J]. Strategic Management Journal，34(8)：891-909.

Burt R S，1995.Structural holes：the social structure of competition[M].Boston：Harvard University Press.

Buysse K，Verbeke A，2003. Proactive environmental strategies：a stakeholder management perspective[J]. Strategic Management Journal，24(5)：453-470.

Chang C H，2011.The influence of corporate environmental ethics on competitive advantage：the mediation role of green innovation[J].Journal of Business Ethics，104(3)：361-370.

Chen Y S，2008.The driver of green innovation and green image-green core competence[J].Journal of Business Ethics，81(3)：531-543.

Chen Y S，Lai S B，Wen C T，2006.The influence of green innovation performance on corporate advantage in taiwan[J]. Journal of Business Ethics，67(4)：331-339.

Chiou T Y，Chan H K，Lettice F，et al.，2011.The influence of greening the suppliers and green innovaton on environmental performance and competitive advantage in Taiwan[J]. Transportation Research，part E：Logistics and Transportation Review，47(6)：822-836.

Christmann P，Taylor T G，2002.Globalization and the environment：strategies for international voluntary environmental initiatives[J]. Academy of Management Executive，16(3)：121-136.

Cleff T，Rennings K，1999. Determinants of environmental product and process innovation[J]. European Environment，9(5)：191-201.

Cordano M，Frieze I H，2000. Pollution reduction preferences of US environmental managers：Applying Ajzen's theory of planned behavior[J]. Academy of Management Journal，43(4)：627-641.

Dangelico R M，Pontrandolfo P，2010.From green product definitions and classifications to the green option matrix[J]. Journal of Cleaner Production，18(16-17)：1608-1628.

Darnall N，Henriques I，Sadorsky P，2010. Adopting proactive environmental strategy：the influence of stakeholders and firm size[J]. Journal of Management Studies，47(6)：1072-1094.

Dimaggio P，Powell W W，1983. The iron cage revisited：institutional isomorphism and collective rationality in organizational fields[J]. American Sociological Review，48(2)：143-166.

Driessen P H，Hillebrand B，2002.Adoption and diffusion of green innovations[M]. Amsterdam：IOS Press.

Edelman L B，Suchman M C，1997. The legal environments of organizations[J]. Annual Review of Sociology，23(1)：479-515.

Egri C P，Herman S，2000. Leadership in the North American environmental sector：values，leadership styles，and contexts of environmental leaders and their organizations[J]. Academy of Management Journal，43(4)：571-604.

Eiadat Y，Kelly A，Roche F，Eyadat H，2008. Green and competitive? An empirical test of the mediating role of environmental innovation strategy[J]. Journal of World Business，43(2)：131-145.

Eisingerich A B，Bell S J，Tracey P，2010.How can clusters sustain performance? the role of network strength，network openness，and environmental uncertainty[J]. Research Policy，39(2)：239-253.

Elfring T，Hulsink W，2003. Networks in entrepreneurship：the case of high-technology firms[J]. Small Business Economics，21(4)：409-422.

Fagerberg J，2006. Innovation，technology and the global knowledge economy：Challenges for future growth[N]. "Green Roads to Growth" project and conference，Copenhagen.

Freeman R E，Reed D L，1983. Stockholders and stakeholders：A new perspective on corporate governance[J]. California Management Review，25(3)：88-106.

Frondel M，Horbach J，Rennings K，2007. End-of-pipe or cleaner production? an empirical comparison of environmental innovation decisions across OECD countries[J]. Business Strategy and the Environment，16(8)：571-584.

Fussler C，James P，1996.Driving eco-innovation：a breakthrough discipline for innovation and sustainability[M]. London：Pitman London.

Gadenne D，Kennedy J，Mckeiver C，2009. An empirical study of environmental awareness and practices in SMEs[J]. Journal of Business Ethics，84(1)：45-63.

Galaskiewicz J，Wasserman S，1989. Mimetic and normative processes within an organizational field[J]. Administrative Science Quarterly，34(3)：454-479.

Gould-Williams J，2003. The importance of HR practices and workplace trust in achieving superior performance：a study of public-sector organizations[J]. International Journal of Human Resource Management，14(1)：28-54.

Granovetter M S，1973.The strength of weak ties[J]. American Journal of Sociolog，78(6)：1360-1380.

Hambrick D C，2007. Upper echelons theory：an update[J]. Academy of Management Review，32(2)：334-343.

Hambrick D C，Mason P A，1984. Upper echelons：the organization as a reflection of its top managers[J]. Academy of Management Review，9(2)：193-206.

Hambrick D C，Mason P A，1984. Upper echelons：the organization as a reflection of its top managers[J]. Academy of Management Review，9(2)：193-206.

Hansen M T，1999.The search-transfer problem：the role of weak ties in sharing knowledge across organization subunits[J]. Administrative Science Quarterly，44(1)：82-111.

Hart S L，1995. A natural-resource-based view of the firm[J]. The Academy of Management Review，20(4)：986-1014.

Hart S L，Dowell G，2011. Invited editorial：a natural-resource-based view of the firm：fifteen years after[J]. Journal of Management，37(5)：1464-1479.

Henriques I，Sadorsky P，1999.The relationship between environmental commitment and managerial perceptions of stakeholder importance[J]. Academy of Management Journal，42(1)：87-99.

Hofer C，Cantor D E，Dai J，2012. The competitive determinants of a firm's environmental management activities：evidence from US manufacturing industries[J]. Journal of Operations Management，30(1-2)：69-84.

Horbach J，2008. Determinants of environmental innovation：New evidence from German panel data sources[J]. Research policy，37(1)：163-173.

Horbach J，Rammer C，Rennings K. 2012. Determinants of eco-innovations by type of environmental impact：the role of regulatory push/pull，technology push and market pull[J]. Ecological Economics，78：112-122.

Karakaya E，Hidalgo A，Nuur C，2014.Diffusion of eco-innovations：a review[J]. Renewable and Sustainable Energy Reviews，(33)：392-399.

Kemp R P M，1995. Environmental policy and technical change：a comparison of the technological impact of policy instruments[D]. Universitaire Pers Maastricht，1995.

Kesidou E，Demirel P，2012. On the drivers of eco-innovations：empirical evidence from the UK[J]. Research Policy，41(5)：862-870.

Kim E H，2013.Deregulation and differentiation：incumbent investment in green technologies[J]. Strategic Management Journal，34(10)：1162-1185.

Klassen R D，Whybark D C，1999.The impact of environmental technologies on manufacturing performance[J]. Academy of Management Journal，42(6)：599-615.

Li W，Veliyath R，Tan J，2013.Network characteristics and firm performance：an examination of the relationships in the context of a cluster[J]. Journal of Small Business Management，51(1)：1-22.

Linton C，Freeman，1978.Centrality in social networks conceptual clarification[J]. Social Networks，1(3)：215-239..

Liu Y，2009.Investigating external environmental pressure on firms and their behavior in Yangtze river delta of China[J]. Journal of Cleaner Production，17(16)：1480-1486.

Meyer J W，Rowan B，1977. Institutionalized organizations：formal structure as myth and ceremony[J]. American Journal of Sociology，83(2)：340-363.

Moon S，2010.Corporate environmental behaviors in voluntary programs：does timing matter?[J]. Social Science Quarterly，89(5)：1102-1120.

Nath P, Nachiappan S, Ramanathan R, 2010. The impact of marketing capability, operations capability and diversification strategy on performance: a resource-based view[J]. Industrial Marketing Management, 39(2): 317-329.

OECD, 2008.Environmental innovation and global markets[M]. Paris: Organization for Economic Cooperation and Development.

Oltra V, Saint Jean M, 2007.Incrementalism of environmental innovations versus paradigmatic change: a comparative study of the automotive and chemical industries [J]. Cahiers du Groupement de Recherches Economiques et Sociales, (14): 1-22.

Palmer K, Portney O P R, 1995.Tightening environmental standards: the benefit-cost or the no-cost paradigm?[J]. Journal of Economic Perspectives, 9(4): 119-132.

Phillips R, 2003. Stakeholder theory and organizational ethics[J]. Personnel Psychology, 57(4): 1068-1071.

Porter M E, Van der Linde C. 1995. Toward a new conception of the environment-competitiveness relationship[J]. Journal of Economic Perspectives, 9(4): 97-118.

Ramus C A, Steger U, 2000. The roles of supervisory support behaviors and environmental policy in employee "Ecoinitiatives" at leading-edge European companies[J]. Academy of Management journal, 43(4): 605-626.

Rehfeld K M, Rennings K, Ziegler A, 2007. Integrated product policy and environmental product innovations: an empirical analysis[J]. Ecological Economics, 61(1): 91-100.

Rennings K, 2000.Redefining innovation: eco-innovation research and the contribution from ecological economics[J]. Ecological Economics, 32(2): 319-332.

Rennings K, Rammer C, 2011. The impact of regulation-driven environmental innovation on innovation success and firm performance[J]. Industry and Innovation, 18(3): 255-283.

Rexhaeuser S, Rammer C, 2014.Environmental innovations and firm profitability: unmasking the porter hypothesis[J]. Environmental and Resource Economics, 57(1): 145-167.

Russo M V, Fouts P A, 1997. A resource-based perspective on corporate environmental performance and profitability[J]. Academy of Management Journal, 40(3): 534-559.

Shrivastava P, 1995.Environmental technologies and competitive advantage[J]. Strategic Management Journal, 16(S1): 183-200.

Stam W, Elfring T, 2008.Entrepreneurial orientation and new venture performance: the moderating role of intra- and extraindustry social capital[J]. Academy of Management Journal, 51(1): 97-111.

Stoll B J, Hansen N I, Bell E F, Shankaran S, et al., 2010. Neonatal outcomes of extremely preterm infants from the

NICHD[J]. Neonatal Research Network. Pediatrics，126(3)：443-456.

Suchman L，2013. Consuming anthropology[J]//Barry A，Born G. Interdisciplinarity：reconfigurations of the social and natural sciences. London：Routledge：141-160.

Suchman M C，1995. Managing legitimacy：strategic and institutional approaches[J]. Academy of Management Review，20(3)：571-610.

Tan J，Peng M W，2003 .Organizational slack and firm performance during economic transitions：two studies from an emerging economy[J]. Strategic Management Journal，24(13)：1249-1263.

Tang Z，Tang J，2012.Stakeholder-firm power difference，stakeholders' CSR orientation，and SMEs environmental performance in China[J]. Journal of Business Venturing，27(4)：436-455.

Thorelli H B，1986. Networks：between markets and hierarchies[J]. Strategic Management Journal，7(1)：37-51.

Tihanyi L，Ellstrand A E，Daily C M，et al.，2000. Composition of the top management team and firm international diversification[J]. Journal of Management，26(6)：1157-1177.

Tsai W，2001 .Knowledge transfer in intraorganizational networks：effects of network position and absorptive capacity on business unit innovation and performance[J]. Academy of Management Journal，44(5)：996-1004.

Vanhala M，Heilmann P，Salminen H，2016 .Organizational trust dimensions as antecedents of organizational commitment[J]. Knowledge and Process Management，23(1)：46-61.

Vredenburg S H，1998 .Proactive corporate environmental strategy and the development of competitively valuable organizational capabilities[J]. Strategic Management Journal，19(8)：729-753.

Wagner G G，Frick J R，Schupp J，2007. The German Socio-Economic Panel study (SOEP)-evolution，scope and enhancements[J]. Social ence Electronic Publishing.

Wellman B，Berkowitz S D，2003. Social structure a network approach[J]. American Political ence Association，83(4)..

Zhang Y，Long L，Wu T Y，et al.，2015.When is pay for performance related to employee creativity in the Chinese context? the role of guanxi HRM practice，trust in management，and intrinsic motivation[J]. Journal of Organizational Behavior，36(5)：698-719.